哥，就是個狠角色

金哲毅——著

推薦序——

名將再狠，卻是自己最大的敵人

「故事」網站專欄作家　吳亮衡

「戰國七雄與春秋時代的國家有所不同，春秋時代的國君，大體都以諸侯自居，屬於封建國家的性質；七雄則僭號稱王，各自以『天子』自居，各自有其中央政府和行政體系，各自為獨立的國家。」

如果有讀過國立編譯館時期的歷史課本，對於上面這段敘述肯定不陌生。

可曾想過，正處於體力、智力乃至於知識吸收力最為精華時刻的青年學子們，面對這段長達二百五十餘年、理當群雄四起、充斥種種激情的戰國時期，竟在短短不到三千餘字旋然落幕，就當眾人還沒有回過神來的時候，大秦帝國統御全中國的篇章卻又霸氣登場。

倘若不死心，再度回頭細看戰國時期的編寫結構，讀者恐怕又得再次失望。除了在「各國變法圖強」一節中約略點出幾位勵精圖治的君主以及零星的戰將姓名，剩餘的篇幅，編譯團隊花了非常大的篇幅敘述各國首都位置、制度流變，以及那些永遠背不起來的「西元前××年」——很不巧的，在那個所謂「背多分」的年代，這些毫無感性可言的內容卻總是占據考卷中分數最低、卻又最關鍵的角色，直教人又愛又恨。

回頭想起來，此種灌輸單一觀點又缺少人味的敘事方式，不知扼殺了多少青年學子對於了解歷史的興趣，對於普遍追求多元觀點的七、八年級生而言，更是種難以接受的學習經驗，無怪乎整整一個世代出現「喜歡歷史，但討厭歷史課」的情緒。

許多人總會以為歷史研究者窮其一生鑽研於史料，就是為了提出有別於過往的觀點，然而，直到受過研究所訓練，這才發現歷史其實是門非常好玩、且亟需邏輯能力與同理心的學科。過去所謂傳統與現代、延續與斷裂其實是無法如此輕易劃分的，甚至連許多記憶都帶有重層並存的狀況。

尤其當我實際執筆、開始進行歷史轉譯工作之後，更是意識到縱使坐擁再獨特的史料或是前無古人的超群觀點，倘若只是將成果平鋪直敘地攤提於讀者面前，沒有一個引人入勝的敘事點，那麼就無法引起人們的好奇心，也不可能驅使眾人想要窺探下去的動力。

而這點，正是我喜歡閱讀金老ㄕ文章的主因之一。

擅長從生平故事出發的金老ㄕ，總是有種莫名的能力，可以將繁瑣到不行的人際網絡化繁為簡，文字中時而調侃大時代的無情、時而又可以嚴肅地指出過往歷史教育中的盲點。正因如此，打從二〇一四年「故事」網站開站初期，「老ㄕ上課了」專欄始終是流量保證的班底之一。

相對於金老ㄕ過往曾出過的專書，《哥，就是個狠角色》的寫作功力又更為進階，編寫邏輯也更具巧思。每一篇文末的反思，看似帶有個人主觀意見，但卻也昭示某種屬於當代歷史人的特殊觀點，讀者們不見得要全盤接受，但卻非常值得細細觀察金老ㄕ的個人品味。

過去曾有學生問我求學時期讀到什麼樣的戰國歷史，坦白說，除了萬年不變款的「夯灶起火煮煙腸（hang-tsàu khí-hué tsú ian-tshiâng）」口訣，別說要說出國家名稱，恐怕連相關人等有哪些、屬於「春秋五霸」還是「戰國七雄」都是個問題。

然而讀完本書之後，至少我對於戰國群雄並起以及背後的人情世故，有了更加具象的理解，也再次陷入金老ㄕ筆下的戰國史。

如果再有學生問我同一個問題，我會說：

「戰國雖亂，但卻亂得很有格調；名將再狠，卻是自己最大的敵人。」

目錄

自序——**那一年，我從歷史中獲得慰藉** ○○九
戰國時代生活守則：這是充滿背叛、變動及無情的時代 ○一三
吳起：母亡不奔喪、殺妻求高位，哥就是個狠角色！ ○二九
孫臏：我變強大了，身體也殘了！ ○五一
商鞅：玩弄敵人，也玩死自己 ○七一
影響戰國中期局勢的濟西之戰：成功不容易，毀滅很簡單！ ○九七
匡章：成功靠努力，更要靠運氣！ 一一五
樂毅：各個領域都開外掛的全方位人才 一二九

田單：今晚，來個絕地大反攻！ 一四五
組團囉！戰國四名將來迎聖臨！ 一六三
戰國時期最慘烈的殺戮：長平之戰 一六九
白起：殺戮百萬的戰國殺神 一九九
王翦：老夫做事很實在，拿錢就幫忙消災 二一七
王翦番外篇 李信打敗仗之謎 二四五
廉頗：高齡戰將本事大，毛病忌諱也不少！ 二四九
李牧：沒有敵人能打敗我，我只能被自己人打敗！ 二六七
李牧番外篇 李左車：重演歷史悲劇的後輩 二八三

自序

那一年，我從歷史中獲得慰藉

二十八歲那年，我離開教職好投入一個我理想的職場新方向，然而半年後，我就被 Fire。在那段工作期間，我做事荒腔走板，甚至出現大節有虧的行徑，這些失敗讓我感受到：理想的我以及現實的自己實在差異巨大。有一段時間，我整個人陷入到極深的挫折中，彷彿一切都被掏空，因為我想到自己就只想到失敗……

我也知道這個狀態不能繼續下去，所以我決定做一些自己熟悉的事情，抒發心情的同時也連帶整理自己，於是我拿起筆開始書寫歷史。

由於失敗的經驗，我對歷史往事的思維發生變化。以往的我，會站在「人應該朝向理想並試著完成」的角度提出看法，後來的我在觀看歷史時，則出現更多的「同理」眼光，尤其是在古人面臨失敗、壓力、選擇的時刻。

於是我書寫自己一向感興趣的戰國時代，然後在寫孫臏的故事中，我投射自己悔恨的心情，因為我在最沮喪的時候，真的是恨不得擁有回到過去的能力，讓自己可以不用經歷失敗或失去。

寫吳起時，我最初以「自我認同感」做為出發點，因為我似乎看到吳起因為永遠不滿自己的現況而拚命想要去達成理想，這不就是我曾出現過的情景嗎？

寫廉頗時，我看到老將的落寞結局還有他的自身問題，但我給他的總結是永不放棄……因為那是我給自己的期待。即便，我其實已經像灘爛泥般無力。

寫田單時，我讚揚他承認錯誤的氣概，因為我當初的問題之一，其實就是不肯承認我有問題。

在書寫的過程中，我的心境逐漸回穩，時至今日，我透過作品重新回顧那段過往，終於能用比較客觀的角度去接受發生的一切，同時也讓我確立寫作的理念，那就是：記錄過往，找出連結，將過往的價值得以傳承至當下。

我感謝歷史這個愛好，讓我多了面對自己的機會。而我回饋歷史的方式，是期待自己的創作能延續過往，並同時能將自己的受惠分享給各位，最後祝各位在接下來的篇章中找到專屬自己的獨特收穫。

戰國時代生活守則：這是充滿背叛、變動及無情的時代

本文做為戰國歷史往事的開篇，為了對我所架構的時空環境能有初步的了解，所以有必要先好好了解一個疑問：何謂戰國時代？

首先，不同史家對戰國時代的開端都有各自的看法，老ㄕ則採用司馬光的《資治通鑑》版本，也就是以「三家分晉」做為開始。那何為三家分晉？這又要從「晉國」的歷史背景開始說起。

話說周朝建立時，由於自身實力不足，所以將土地分給諸侯，讓諸侯去管理基礎不穩的地區。晉國就是封建的諸侯國之一，他的首任君主是周成王的弟弟，與周王室關係相當親密。時間來到東周時代的前期，也就是大家較熟悉的「春秋」，此時周天子的權威一落千丈，許多強大的諸侯國在實際

地位開始淩駕於周王室之上；不過，此時因為外族入侵嚴重，諸侯們會公推一個「霸主」，透過尊崇周王室的表面行為去團結諸侯，之後領導各國對抗外族的威脅。而晉國在春秋時代長期居霸主地位，其中最著名的事蹟，莫過於晉文公擊敗挑戰周王室權威的楚國。

可到了春秋中後期，許多國家的「大夫」開始淩駕「諸侯」。所謂大夫，本來是諸侯的臣子，但隨著大夫深耕地方並長期執政，他們的影響力開始超越上司，甚至是上司的上司，也就是周天子。

例如：孔子有一次看到魯國的大夫——季孫氏，在自家庭院擺出「八佾舞」，讓重視禮制的孔子憤怒大罵：「是可忍也，孰不可忍也！」原來按《周禮》規定，周天子才可以使用八佾（也就是8×8，共64人舞蹈）、諸侯為六佾、卿大夫四佾、士用二佾。結果身為大夫的季孫氏用周天子禮儀（這概念可以想像成市議員擺出總統級國宴），可見他超級藐視禮制。

昔日強大的晉國也沒躲過大勢所趨，最終被原本侍奉的韓、趙、魏三家大夫瓜分了土地及人民。隨後，周天子追認三家分晉的合理性。

為何老ㄕ以三家分晉做為戰國開端？因為此事代表周朝禮樂制度的進一步崩壞。

春秋時代，雖然諸侯國已經藐視周天子，但仍會把做為立國基礎的禮儀拿出來做樣子。比如做為春秋首霸的齊桓公，當年他率領各國聯軍對抗楚國，楚國派人去問：「老兄，你幹嘛派大軍逼近我國？」齊桓公回答：「我要打你，原因之一是你竟然沒給周天子貢品！」這話看實際層面其實非常搞笑，因為齊桓公跟周天子並不親密，這很像一個學校孩子王，領著一大群同伴去堵其他學校的熊孩子，然後說原因是：「因為你沒還我隔壁班阿明的橡皮擦！」

但從齊桓公凡事都要使用周天子的名義，就知道這人多少是講規矩的。所以有次，齊桓公跟魯國談判，結果一個叫曹沫的魯國將領突然就在會議上脅持齊桓公：「把你侵占的魯國還來，不然我要你命。」齊桓公無奈之下，只能接受。結果等到曹沫放走了齊桓公，齊桓公立刻跟他手下表示：「把曹沫給我抓過來剁了！」此時，輔佐齊桓公的超級政治家——管仲，立刻說：「算了吧，與其出爾反爾，不如就守信用地歸還魯國土地，各國看您這麼守規矩，一定聽您的號令，這樣能獲得的好處一定更多。」之後形勢的發展果然如管仲所料，可見春秋時代，大家還講表面文章也有基本底線。

但三家分晉，卻是直接把上下尊卑的規矩打破，重點是：身為規矩的名義老大——周天子，對此卻是一點異議都沒有。可見此時是真正的禮崩樂壞，凡事只講拳頭而不講道理。如果說戰國時代是以背叛、霸凌、壞規矩做為開端，那用一個字就可以定調這個時代的氛圍，那就是……亂！

戰國認知的誤區

再來，戰國時代何時結束？我採用司馬遷的說法，也就是西元前二二一年，秦滅六國。這時我們就要提到一個名詞：戰國七雄。

拜舊課綱的教科書內容所賜，不少人對秦、楚、韓、趙、魏、齊、燕，這七個戰國強權有些記憶，而教科書通常還附贈一張戰國七雄的形勢圖去強化莘莘學子們的印象。但其實教科書提供的，通常是戰國晚期的形勢圖，雖然沒錯，但容易造成兩個錯覺。

第一就是：國家數目很少。

實際上，戰國初期仍有不少中小型國家，像是老牌諸侯國：魯、衛、宋，或是邊疆民族建立的國家：越、中山、巴、蜀，甚至是一些有功之臣的私有土地也可成為一個國家，代表有：戰國四公子的孟嘗君領地——薛國、商鞅因改革有功而獲得的封地——商。這些名不見經傳的國家，有些實力不容小覷，像是越國曾屢敗楚國及齊國，所以當時的天下大勢其實尚未明朗化，戰國七雄更是尚未成形。

第二就是：用土地面積衡量國家實力。

乍看戰國七雄地圖，楚最大、秦次之，接下來是燕、趙兩國，而韓國土地小得可憐。這一方面容易讓人覺得土地越大的國家實力就越強，另一方面也會讓人疑惑：以韓國這個分量來說，怎麼也能被稱為七雄之一？

實際上，對於古代國家，國土面積並不是最重要的，真正重要的因素有二：地力及人口。

試想你擁有一望無際的土地，可卻是一片荒漠，那有價值嗎？就算土地資源很多，但沒半個人居住，那這塊土地能夠有效開發嗎？所以燕、趙、秦三國看起來土地雖大，但很多地區土地貧瘠又靠近邊疆民族，對國家的GDP貢獻也就難以期待，而生活條件這麼惡劣的地方，自然無法期待有大量人口定居。

韓國雖小，但它的國土全是高度開發地區，人口密集且經濟上量小質精的搭配，甚至讓韓國在科技表現上居於各國的前段班，像是遠程武器的弩，當時人有「天下之強弓勁弩皆從韓出」、「遠者括蔽洞胸，近者鏑弇心」的評價，近戰武器的劍也是「陸斷牛馬，水截鵠鴈」、「當敵則斬堅甲鐵幕」，所以韓國在初期還是擁有一定競爭力。

而燕國雖大，但位置偏僻又大多土地資源匱乏，導致這個國家的國力長時間處於弱勢。《史記》記錄燕國，提到該國的第一代君主是燕召公，然後是「自召公以下九世至惠侯」。意思就是開國第一代君主掛掉後，接下來有好幾代君主連名字都不知道，簡直邊緣到了極點，若是強國，又豈會淪落到如此地步？

一個強權的崛起

那有沒有土地大、資源好、人口多的國家呢？其實是有的，那就是魏國與齊國。

先說齊國，背靠大海擁有漁鹽之力，尤其是鹽，這是人生活的必需品，甚至在漢朝以後還被列為國家專賣品好斂財，可見齊國占有不小的天然優勢。另外齊國的開發歷史很早，是西周最初建立的幾個諸侯國之一，歷經數百年的經營，此地的人口發展極具規模，當時的人形容齊國首都臨淄「張袂成陰，揮汗成雨，比肩繼踵（白話翻譯：人多到展開衣袖可以遮住太陽，每人揮一把汗就像下雨，走路時彼此會肩碰肩、腳挨腳）。」

相比之下，魏國是個年輕的國家。魏國本屬於春秋大國——晉國的一部分，後來三家分晉，魏國就以今日的山西南部、河南北部和陝西、河北的部分地區立足，而這些地區很多是周朝時代高度開發的蛋黃區，按電玩術語，魏國就是開局即土豪的優勢狀態。

不過凡事有一好無兩好，齊、魏兩國也有各自的毛病。

先說齊國，最大的問題就是……軍事能力很菜。生活在戰國時代的荀子曾這麼評價：「齊之技擊不可以遇魏之武卒，魏之武卒不可以遇秦之銳士。」就是齊軍比魏軍爛，魏軍又打不贏秦軍。就連在齊國訓練部隊的軍事家孫臏都曾說：「齊軍以怯戰聞名。」

再說魏國，翻看地圖，不難發現該國位處中央地帶。好處是：四通八達的交通；壞處是：四面都是敵人隨時攻擊你！

或許是位處四戰之地的危機，魏國在所有國家當中最先做出革新的行動。

魏國的開國君主魏文侯聘起李悝為相，按《法經》的內容治國。法經的具體內容可以先不用理會，因為真正重要的，是它的核心意義——使用成文法。

前面提到，周朝的統治基礎是禮樂制度，也就是規矩。但很弔詭的，《禮記》卻又提到：「刑不上大夫，禮不下庶人。」也就是平民老百姓是不知道規矩怎麼玩的。之所以如此，其實是周初的統治者很刻意地要做出社會階級的差別，這本來沒毛病，因為平民跟貴族的資源不一樣，自然無法讓兩者享受相同待遇。可隨著時間發展，上層人士已經不遵守禮樂制度，這時如果還不制定新規矩將平民階級動員起來，那整個國家將毫無動力，更無法在亂世中競爭。

所以李悝用《法經》，就是告訴極具潛力的平民老百姓以後怎麼跟著國家玩。同時，也制定出明確的升遷制度，讓有心發展的人才看到具體的發展方向。所以在魏文侯時代，武有吳起、樂羊等強將，文有擅長文學的孔子弟子子夏、技術官員有治水達人西門豹，堪稱是面面俱到的豪華人才團隊。

另外魏文侯本人也十分聰明地運用外交手段，減少自己四面受敵的處境。像韓、趙兩國曾經發生戰爭，然後兩國都派使者拉攏魏國，結果魏文侯沒有趁人之危或坐地起價，反而調解兩國紛爭。此舉讓韓、趙兩國感恩於文侯的德行而與魏國組成同盟，魏文侯得以解除南北兩面的軍事壓力。

隨後魏文侯憑藉著改革後的強大國力，加上韓趙聯軍的支持，向東大破齊國，甚至當場俘虜領軍出戰的齊國君主；向西猛攻秦國，在取得河西之地後，讓秦國只能龜縮一隅；向南擊敗楚國，攻掠下不少土地；另外由異族建立的中山國，也被魏文侯消滅，這幾場戰爭的勝利代表魏國自此成為率先崛起的戰國首強。

但這美好光景卻在魏惠王的時代，完全變調了。

亂世無信義

魏惠王的名字叫魏罃，是魏文侯的接班人——魏武侯的兒子。由於武侯在死前並未確立繼承人，結果造成魏罃與同族的魏緩互相爭奪領導權。

起初魏罃占優勢，將魏緩打得逃往趙國，此時韓國君主卻慫恿趙國：

「魏罃現在只掌握一半的國土，根基尚未穩固，不如我們扶持魏緩趁隙進攻魏國，如此必能撈到好處。」於是韓趙聯軍介入政爭，不僅迅速擊敗魏罃，還將他團團包圍。

眼看魏罃已處必死的絕境，沒想到韓趙兩國卻起了內鬨。因為趙國主張：「把魏罃殺死後，咱們就擁立魏緩並要求魏國割地，接下來就可以退兵享受成果了。」韓國卻認為：「何不分裂魏國，讓魏罃、魏緩各治理一半，這樣魏國必然陷入長期內鬥而衰弱，我們也徹底剪除一個威脅了。」觀看兩國想法，趙國想要立即兌現的收穫、韓國則是放眼長期的收益，由於各持己見，最後韓趙兩國做出一個令魏緩傻眼的決定：乾脆各自退兵，然後把魏緩當場拋棄。於是絕境逢生的魏罃反殺魏緩，最後終於成為魏國新任君主。

回想文侯時代，魏國對韓趙的矛盾盡心調解，可韓趙兩國卻在多年後趁魏國內亂興風作浪，還讓魏國差點滅亡，如此恩將仇報的舉動完全證明：「戰國是亂世，沒有什麼仁義道德，更沒有永遠的盟友。」這也徹底點燃魏惠王向韓、趙兩國報復的念頭。

西元前三五四年，趙國攻打魏國的附庸衛國，魏國因此攻趙，並在隔年攻破趙國首都邯鄲。魏惠王飽經患難卻復仇成功的人生經歷，完全可以做為勵志故事的典範，問題是……有那麼一句話：「出來混，遲早要還的。」韓趙兩國攻魏因此種下仇恨，那魏國以前就沒有攻打過其他國家而結下梁子嗎？就在魏國大肆擴張時，曾為手下敗將的齊、秦兩國也展開他們的反擊時刻。

霸業一夕崩壞

當魏國主力破趙之際，國內多個地區卻防務空虛。於是齊國以救趙的名義，在田忌、孫臏的領導下速攻魏國首都——大梁，造成魏軍回救本國時，在半路上的桂陵被埋伏已久的齊軍打個措手不及！同時間的秦國，趁魏國注意力被東方齊國吸引時，先攻取河西地區的數座城市，之後更進一步打下魏國核心重鎮——安邑。就連楚國都發兵攻打魏國南部，造成魏國被三面圍毆的窘境。

雖然初期連吃敗仗，但魏惠王很快重整態勢，先在東線戰場反擊重挫齊軍，逼使齊國聯合楚國向魏請求休兵，之後再聯合十二個小諸侯國率領龐大的聯軍兵臨西方的秦國，嚇得秦孝公認慫求和。

從桂陵之戰後的一系列操作，可以看出魏惠王頗有手腕，而魏國戰國首強的實力依舊生猛。但這次危機，卻暴露魏國身處四戰之地的戰略劣勢，所以齊、秦、楚在戰後有一致性的共識：「一次玩不死你，那還可以來第二次呀！」

公元前三四三年，魏國攻打韓國，然後就是如同十多年前的發展，齊國以救韓的名義攻打魏國，而且這次在馬陵一舉殲滅十萬魏國精兵。同一時間，秦國又搞背刺，並一口氣攻下大部分河西地區。

馬陵之戰的失敗，使魏國損失相當大比例的青壯年人口，這個無法挽回的失敗讓魏國走向難以挽救的衰弱，而這當中最悲情的人物，莫過於魏惠王。除了他任內葬送父輩所建立的優勢，他還擁有遠超過同時代人平均的長壽。惠王一直活到八十一歲，統治魏國五十年，是戰國史上統治期第二長的君主（第一名是統治五十六年的秦昭王），但在他統治中後期，眼睜睜看著各國相繼崛起，自己還必須一再承認他國的權威，比如：統治的第三十六年尊稱齊國君主為王、統治第四十七年一口氣承認韓、趙、燕、中山為王（是的，連曾經被打到滅國的中山，魏國都必須和它平起平坐，可見當時的魏國已經是多麼無力），這日薄西山的趨勢，對一生都在奮戰的人來說，是何等的悲涼及折磨。

雖然魏國霸業的衰落，魏惠王要負最大的責任，而我本來是想從他的事蹟中總結出一些道理，寫到最後卻發現：我實在找不到指責魏惠王的立場。

若說魏惠王的失敗在於窮兵黷武的擴張，可在亂世中又怎能不大動干戈？

若說他放棄先祖安穩韓趙兩國的戰略，這並非他所願，因為是韓趙兩國先行背叛。

其實在第一次面對被各方圍毆的桂陵之戰，魏惠王展現出迅速的反制行動，甚至在之後的馬陵之戰，魏國將領已經對相同處境做出預備，但無奈敵方仍是技高一籌。

我自認如果坐在一個身處隨時變動、充滿背叛、人才流動極大的領導位置，想必是無能以對，那我有什麼資格評論魏惠王？真要說的話，那就是：**不是惠王不努力，也不是惠王沒實力，只是他沒能比他的競爭者做得更好。**

經由魏國早期的興衰，我們大致了解戰國的形勢轉變以及時代氛圍。在斗轉星移的天下大勢中，不同時期、地區、出身的名將又會有何種際遇？接下來，歡迎踏進金老ㄕ建構的戰國歷史領域，也請大家踏出生活在戰國時代的思考模式第一步吧！

吳起

母亡不奔喪、殺妻求高位，哥就是個狠角色！

《孫子兵法》的大名，相信就算非軍事專業仍有所聽聞。它的作者是春秋末期的吳國將領孫武，也因著這部著作，在歷代都享有盛名，如今仍被紀念（尤其是那些有志於報考國軍軍職的青年，在猛嗑《孫子兵法》這必考科目的時候，應該對孫武都有著激情的問候吧？）。

而就在春秋之後的戰國時代，有一人的軍事著作，其經典程度曾和《孫子兵法》並駕齊驅，使太史公司馬遷將他和孫武併在同一個列傳中描述。那人名叫吳起，一個到哪都能帶來成功，可最終在哪都會面臨失敗結局的名將。

堅定的誓言

吳起，衛國人，誕生於積蓄足有千金的富豪之家。吳起不想當個單純的富二代，於是他年輕時就常在外追求官職，結果不但沒成功還花光全部家產，所以被同鄉人譏笑是個好高騖遠的敗家子。

其實這個人生開局，跟另一位戰國時代的名人極其類似，那就是縱橫家代表——蘇秦。他也是散盡家財去追求官位但一無所獲，後來回到家鄉不但被鄰居恥笑，甚至連自己家人都極度輕視他，使蘇秦發出「妻不以我為夫，嫂不以我為叔，父母不以我為子」的喟嘆。而他後來的反應是認錯，在發出「是皆秦之罪也（白話翻譯：都是我自己的問題呀！）」的感言後，開始發憤苦讀，甚至不時刺自己大腿，提醒自己要認真唸書才行。

吳起面對嘲笑的反應則是……殺了三十多位曾譏笑自己的人！由於犯了重罪，吳起決定出走他國，當逃犯的同時繼續追求他心之所向的功名之路。離鄉前夕，吳起的母親趕來送行，看著淚眼汪汪的母親，吳起突然舉起

吳起。

吳起：母亡不奔喪、殺妻求高位，哥就是個狠角色！

胳膊，接下來狠狠地咬了一口，鮮血也隨即湧出。被嚇傻的吳媽媽只聽見兒子帶著果決的口氣說：「我吳起如果做不了公卿、國相，就絕不回衛國！」說完，頭也不回地離開。

離鄉的吳起後來拜當時有名的儒家學者曾申為師，這是一個聰明的選擇，一方面這能擴充吳起的學識；另一方面，儒家是戰國時代的顯學（語出自戰國末期的學者——韓非所言：「世之顯學，儒墨也。」），所以加入儒家，知名度將會水漲船高，同時會有諸多前輩及同學相互幫襯，這對一心想當官的吳起自然是極大的助力。

憑著本身的天賦及強大的追求心，吳起逐漸獲得師門的重視，但故鄉卻傳來一個噩耗：「吳起，你的母親病故了。」

眾人原以為吳起會放聲大哭並且起身奔喪，誰知吳起表示：「我跟母親說過，做不了公卿、國相，就絕不回故鄉，所以只要告訴來人說我知道即可。」這個反應被他老師曾申聽到，當場大罵：「連母親死了都無動於衷，我沒有這種禽獸不如的學生。」隨即將吳起開除學籍。

至親亦可殺

眼看儒家是待不下去了，吳起果斷地轉而學習兵法，而且很快就獲得證明自己的機會。

當時齊國進攻魯國，魯穆公亟需良將領軍抵抗，此時有人推薦：「主公何不以吳起為將？」魯穆公表示：「我也有意讓吳起領軍，但聽說他的妻子是齊國人，我擔心他可能會因此偏袒齊國呀！」

這話傳到吳起耳中，他立刻手刃妻子向魯穆公表示：「聽聞主公懷疑我，所以我徹底斬斷自己背叛的可能性，請主公任用吳起為將！」

眼看吳起做得這麼絕，魯穆公於是任命吳起指揮軍隊，吳起隨即大敗齊軍。穆公頗為得意地表示：「這吳起果然有本事，我沒看錯人哪。」結果旁邊的大臣立刻接話：「吳起以前殘忍地殘殺鄰里，後來母喪不歸而被曾申逐出師門，現在又殺死自己的妻子好獲得領軍機會。這樣的人，主公覺得能用嗎？」

此話一出，魯穆公頓時對吳起有說不出的厭惡，於是免去吳起的官職。眼看自己在魯國的仕途徹底完蛋，吳起毫不猶豫地離去，前往下一個能讓他一展所長，好登上高位的國家。

常勝名將

如果用現代環境比擬，魏國就是戰國時代的新創公司，不只資歷遠低於齊、楚、燕、秦這些老牌諸侯國，而且還位處土地富饒卻甚少險要地勢保護的四戰之地，這都讓魏文侯時刻心懷危機意識。因此他積極招攬人才，這自然吸引到吳起這種胸懷野望的人士。

此時的吳起也算是頗有名聲的人物（雖然這裡是負面意義居多），對於他的投靠，魏文侯詢問他最為信賴的國相——李悝：「你怎麼看吳起這個人？」李悝秒回：「貪戀成名又愛好女色。」（現在大家知道吳起是怎麼名聞天下了吧？）隨即又說：「可這人帶兵作戰的能力，比以前齊國的常勝將軍司馬穰苴還厲害！」一聽此話，魏文侯大手一揮：「那還有什麼好說的？就用他為將！」

吳起激動了！他第一次遇到明知自己有毛病，還肯全面授權的主君。於是他立刻放開手腳，展開他日後流傳後世的軍事才能，也就是練兵。

《孫子兵法》曾說：「視卒如愛子，故可與之俱死。（意思是：對待士卒若像對待自己的兒子一樣，就可以使士卒願與將領同生共死。）」吳起怎麼對待兒子我不清楚（而且從吳起老媽及老婆的案例……試問哪位敢當吳起的兒子？），但他對待士兵的方式只怕比許多父親對兒子都還要拚命。

首先他穿著和最下等士兵一樣的衣服，吃的伙食也與基層士兵相同，睡覺不鋪墊褥，甚至拿樹葉當棉被，行軍時也不搭車騎馬，而是和大兵們一樣扛著軍需徒步前進。

再來面對傷兵，他更是關懷到超出常理。最有名的例子，就是有位士兵長了惡性毒瘡，結果吳起直接用口替士兵吸吮膿液，為的就是用溫和的方式把傷口徹底清乾淨。

吳起的所作所為，其實目的非常明確，就是要讓每個士兵感覺到被尊重。

說到此處，大家可能會覺得：「尊重人很好呀，吳起好棒棒！」那我想告訴大家春秋戰國時代幾個感覺「被尊重」的案例。

春秋晚期，吳國的公子光以最高級門客的待遇厚待專諸，並且把專諸的母親當成自己母親一樣地敬重，結果專諸甘願為公子光執行自殺式襲擊，在用一把魚腸劍暗殺公子光的政敵後，自己被大卸八塊。

同樣是春秋晚期，豫讓覺得智伯以「國士」的規格尊重他，所以當智伯被政敵殺死後，豫讓想盡辦法復仇。到底多想盡辦法呢？第一次搞暗殺，他把自己搞成一個清理茅坑的罪犯，甚至就躲在茅坑附近準備掛掉對方。第二次搞暗殺，豫讓在身上塗漆使皮膚長滿惡瘡，又吞木炭讓聲音變得沙啞，之後偽裝成乞丐準備掛掉對方。

時間來到戰國時代晚期，主角是鼎鼎大名的荊軻。他之所以願意執行明知不可能完成的綁架秦王任務，一方面是因為燕太子丹無所不用其極地厚待，另一方面則是回報當初認可他能力的推薦人。

說了以上幾個故事，老ㄕ是想告訴大家，在春秋戰國時代，感覺被尊重，通常就是準備用生命來回報被賦予的期待。因此前面那位被吳起吸膿液的士兵，日後在戰場上拚死向前，甚至深陷敵陣都不肯稍微退卻，最終跟敵人拚到同歸於盡。

吳起底下的士兵，各個都是如此。

寫到這裡，我開始頭皮發麻，吳起可是訓練出幾萬個隨時跟人玩命的殺人機器啊！

吳起訓練的精兵，在之後魏滅中山國的戰役中表現極為亮眼，這讓魏文侯更加信賴吳起的軍事才能，於是他決定：「命吳起攻略河西之地。」

所謂的河西之地，是指今日山西、陝西兩省間黃河南段以西的地區。在戰國時代，河西地區是韓、魏、秦三國交界的戰略要地，誰獲得河西，就可以封死另外兩國的發展動線，所以該地的戰事特別激烈膠著。

但這一切都隨著吳起改變，因為在他獲得魏文侯授命後，只花了大約兩年時間就將河西之地完全攻略。也就是在鎮守河西地區的期間，吳起做了一個戰國史上極為著名的軍制改革，那就是成立「魏武卒」。

所謂「武卒」，必須能穿著全副甲冑（包含頭盔、胸甲、背甲、甲袖、甲裙、脛甲，材質則是頗重的青銅），攜帶主武器——戈、副武器——劍、遠程武器——弩（順帶一提，拉開這弩必須用上百公斤的力道），背負箭矢五十支及三天的口糧，並在半日內跑完四十一公里。

光聽就覺得這批武卒各個都是猛男吧？但武卒之所以劃時代，不是因為他們的體能要求標準很高，而是因為他們是戰國時代最早期的公民兵。

從西周乃至東周的春秋，戰爭的主力是駕馭戰車的貴族。雖然平民也會以步兵的身分投入戰鬥，但那時的步兵通常只負責跟在戰車的後面，一來負責看住戰車防禦最弱的正後方，二來負責在戰車打贏後幫忙撿尾刀。正因非戰鬥主力，平民鮮少接受專業的軍事訓練，同時也對會破壞生產及打擾農務的戰爭興趣缺缺。

魏武卒對體能的高度要求，固然是戰鬥力的保障，但真正激勵魏武卒戰鬥意志的關鍵，是吳起承諾：「只要通過選拔，每一個魏武卒都可以獲得房地及田產！」這下平民們可是兩眼發光：「當兵有錢領？還有不動產？這不是脫貧的大好機會嗎？快讓老子加入！」這讓平民與國家利益綁在一起，使軍隊獲得遠超以往的對國向心力。

而且吳起之後還建議魏文侯：「以後在廟堂設宴，最好設三個等級；立上等功者坐前排，用上等酒席和貴重餐具；次等功者坐中排，酒席、餐具則比上等功差；無功者坐後排，只有酒席而沒有貴重餐具。宴會後，派人按功勞大小賞賜有功人員的親屬，並每年慰問及撫恤陣亡將士的家屬。」

吳起的這個舉動，就是在跟軍隊表示：「想晉身上等階級？想獲得榮華富貴及名聲威望？行！只要你肯拚命、能立功，全都大大的有！」

如此徹底利用利益及社會尊嚴刺激將士，效果也是猛烈的顯著。西元前三八九年，秦惠公號稱出兵五十萬攻打河西地區的陰晉。魏國士卒一聽到消息，不等命令發布就自動全副武裝列陣。

看著眼前殺氣騰騰的部隊，吳起高聲道：「誰還沒立過軍功？我帶你們建功立業！」

數以萬計的士卒瞬間戰意沸騰地回應：「吾等願跟隨將軍建功立業！」之後，吳起以五萬多人兵力大破秦軍。而吳起鎮守河西的任內，寸土未失，並且將秦國徹底困死在西方，完全無法和魏國抗衡。（順帶一提，日後促使秦國戰鬥力爆棚的商鞅變法，其中的軍事改革很大程度就是借鑒了吳起的措施。因此可以說：只有學習吳起才有機會超越吳起。）

出將入相

就在吳起建立蓋世功名的同時，知人善任的魏文侯過世了。之後魏武侯繼位，當時很多人覺得吳起有機會成為魏國國相，但結果是齊國貴族商文獲得國相之位。

前面提到很多次，吳起這人對功名的欲望是非常強大的，這樣的結果自然讓他心懷憤恨，所以他跑去跟商文說：「我想跟您比功勞，您行嗎？」

商文落落大方地說：「好呀。」

吳起：「統率三軍，使士兵樂意為國死戰，並讓敵國不敢圖謀侵犯。這您能和我比嗎？」

商文：「我不如您。」

吳起：「管理文武百官，讓百姓親附並充實國庫的儲備。您能和我比嗎？」

商文：「我不如您。」

吳起：「據守河西地區，使秦國不敢侵犯，並讓韓國、趙國服從歸順。這您能和我比嗎？」

商文說：「我不如您。」

話講到此處，吳起盛氣凌人地說：「這幾方面您都不如我，那您說說，為何您的官位卻在我之上？」

商文從容地回答：「國君剛即位並且年紀輕，此時大臣及百姓都人心惶惶。在這個時候，是把政事託付給您？還是應當託付給我？」

這個回覆讓吳起啞口無言。的確，他的才能人盡皆知，但此時的魏國需要的不是進取，而是先求權力過渡間的安定。所以需要有一個威望足夠的人物鎮住場面，吳起卻是著名的有才無德，在官場上混到了人見人嫌的地步，又怎能調和人心呢？

沉默許久，吳起說：「應該託付給您。」

商文說：「這就是我官位比您高的原因了。」

雖然商文讓吳起的晉階吃癟，但吳起的才能依舊亮眼。魏武侯期間，吳起繼續領軍擊敗東方的齊國，再次確立魏國在戰國獨霸一方的態勢。

另外有次魏武侯巡視河西地區時，當他說出：「能掌握河西地區的天然險峻，我們的國防想必很堅固呀！」吳起卻說：「君侯的言論可是蘊含亡國危機。過往有多少政權掌握了天然險峻，但最終卻被人討伐，可見河山險固不足依靠，霸業也不因山河險固而誕生呀！」魏武侯聽完，表達對吳起觀點的贊同及認可。

所以當商文過世，新的魏國國相上臺，這位新國相畏懼吳起的才能會威脅他的地位，於是他故意先對魏武侯說：「魏國國土太小，像吳起這樣心高氣傲之人，可能留不住他。君侯何不讓公主下嫁給吳起？如果他答應的話，那就表示吳起願意長期留在魏國發展；如果他拒絕，那就證明他心已經不在魏國了。」

同一時間，新國相先邀請吳起及公主到家中做客，而且新國相故意在宴會中惹怒公主，公主忍不住當場破口大罵，這讓吳起心中對公主頗為反感。

於是當魏武侯詢問吳起：「將軍是否願意娶公主呢？」回想公主的惡言惡行，吳起婉言拒絕，結果正中新國相的挑撥之計，從此喪失魏武侯的信任。

眼看發展無望，吳起再度起身，這次他投奔的目標是戰國第一大國——楚國。

吳起變法

楚國在春秋戰國歷史上，是一個很「謎」的國家。

你說它不強大，它可是吞滅數十國，並且地廣資源多，這龐然巨物連春秋霸主齊桓公組織多國聯軍後，都不敢直接武力相拚。可你說楚國強大，除了楚莊王時期曾真正地稱霸天下，其他時候面對大國的戰爭多以失敗告終，像是春秋時，面對北方強權的晉國就曾被擊敗三次；面對南方興起的吳國，竟也被打到首都被破的亡國危局。

楚國之所以表現落漆，其中一個原因是國內貴族的勢力太大，導致大部分楚王的號令無法確實傳達，而且這票擁有既得利益的貴族還常阻撓楚王的改革意圖。比較有名的例子，就是孔子周遊列國到楚國，當時楚昭王曾想給予孔子一塊地方實驗新政，將來好擴大到全國實施，結果楚國貴族表示：「孔子如果真的有才能，然後又擁有不小的土地，那他將來會聽楚王的號令嗎？」這句話就讓楚昭王可能的改革不了了之，由此可見楚國暮氣沉沉，這才不時被強國擊敗。

當吳起來到楚國，楚國的君主楚悼王聽到這消息可真是高興壞了：「吳起到任何一個國家，那個國家就強大，如今到了楚國，寡人可不能放過這個人才。」

於是楚悼王宣布：「命吳起為令尹！」

此話一出，眾人大驚，甚至連吳起都驚。因為楚國的令尹，就等於魏國的國相，也就是說吳起終於獲得僅在一人之下的第一高官地位。

故事看到這裡，大家應該也明白，你給吳起越多激勵，吳起就越玩命地要證明自己的價值。於是吳起立刻在楚國進行大規模的改革，也就是後世所稱的「吳起變法」。

吳起的改革內容大致為：

一、制定成文的法律，並要求人人遵守。

二、如果貴族是承襲三代以前的功勞，那就要取消爵位及賞賜。

三、裁減冗官並削減官吏俸祿。

四、禁止私人請託去獲得官位的陋習，要做官就要獲得新法設立的功勞才行。

五、將楚國首都的防禦加固兩倍。

不難看出，吳起的改革就是要整肅貴族，並且透過法律強化楚王權威，另外讓有才能之人獲得晉升的機會。

改革的結果也很顯著，楚國之後擊敗了戰國首強的魏國，再次讓各國回憶起楚國強大時的恐懼。

可如此打擊既得利益集團，吳起豈能不招人怨？事實上，不只貴族恨透了他，估計是施政過於猛烈，像是負責加固楚國首都防禦的人民也對吳起心懷怨意。

但有人怨，就有人爽，這個爽人自然是掌握大權並感到大國崛起的楚悼王。所以楚悼王始終力挺吳起，這暫時壓抑住表面化的衝突，卻也醞釀出日後更極端的反撲。

臨死反撲

西元前三八一年，楚悼王去世。這消息剛一傳出，楚國貴族立馬揪團要掛掉吳起。

當時貴族部隊用弓箭攻擊吳起，被偷襲中招的吳起眼看自己這次將毫無生路，他很快就冷靜下來，並決定：「我死，也絕不會讓我的敵人好過。」

於是他衝到楚悼王的停屍處並趴在楚悼王屍體上，貴族部隊追上吳起，之後亂箭齊發將吳起一舉斃命。不過這陣攻擊連帶讓楚悼王的屍體中箭，由於楚國法律規定「傷害君王屍體者將被誅三族」，所以等到新王繼位，立刻下令將射中楚悼王屍體的人全部處死，有七十多家因此慘遭滅族。吳起直到生命中的最後一刻，仍能假他人之手，完成自己計算精密的謀略。

老ㄕ一己之見

後世之人對於吳起褒貶不一，但有一個評語相信是所有人的共識，那就是：「此人有才無德。」

敗家、殺鄰里、殺老婆、不奔喪，一切只求上位，他的狼性有目共睹，但絕大多數人都無法接受，形成他大起大落的一生。雖然不排除這世上有人天生性格扭曲，但老ㄕ認為吳起的「無德」，很大一部分是時代環境下的逼迫造成，之所以如此說，還要回到吳起的出身。

文章一開始，我提到吳起出身富有之家。但注意，富有不代表有權有勢，如果吳起家族頗有權勢，那他何必老是外出求官呢？所以合理地推斷：吳起可能是商人之子（或是商人的後代）。

相信很多人都聽過「士農工商」這古代四民的分類，出處則是源自春秋時代的管仲著作《管子》。請注意，當時商人的地位處於末端。

之所以如此，在於古代社會生產力不足，糧食來之不易。直到西漢時代，《淮南子》都有「三年耕而餘一年之食，率九年而有三年之畜……（中略）……國無九年之畜，謂之不足」的字眼，那就不難想像在更古早的春秋戰國，糧食的生產及確保是更加不穩定。所以「農」之所以僅次於貴族階級的士，就在於他們是生產糧食的主力。

商人可就不同了，《管子》提到商人的特質是「與時逐」、「樂觀時變」，意思是商人是利用時間差來賺取利益，而其中一個時間差，就是農家每年收成前夕，存糧幾乎耗盡、新糧未能採收，這是商人借貸營利的最好時機。問題是：這很容易打擊農家的生產力。

所以古代社會一向看低商人地位，這其實相當現實，因為這階級的人不務本業（也就是糧食生產），還有可能威脅農家。戰國初期的商鞅變法，就極度打壓商人，展現重農輕商的思想。試問：如果吳起是商人之子，那大環境對他友善嗎？

如果吳起的本性是老好人，那或許他會繼承家業好延續富有生活，問題是：偏偏吳起是有追求的人，而他追求的，其實也是前面我提到，在古代社會最在意的一個精神所需——尊重。如此或許就能解釋，吳起為何無所不用其極地追逐功名，特別是在能力明顯不如他的商文擔任國相時出來嗆聲，因為這是一個底層人士往上爬的辛酸奮鬥。

但這不表示我認同吳起的所作所為（除了好色，這個所有爺們都有的原罪），事實上，太史公曾批評吳起：「能做的未必能說，能說的未必能做。吳起向來告訴魏武侯：『憑藉地理形勢的險要，不如給人民施以恩德。』但他到楚國執政時卻因刻薄、暴戾、少施恩惠葬送了自己的生命。」這說明，吳起在楚國的改革其實可以有所調整，而這樣的調整是他自己也認同的，但他卻選擇最迅速卻得罪絕大多數人的方式，為的是證明自己有實力。

可嘆啊！吳起，是時代把你逼成如此？還是你自己天性才走到這般地步呢？

孫臏

我變強大了，身體也殘了！

有部以虛構歷史為背景的電視劇《琅琊榜》，劇中主角是一位擁有天縱英才的少年將軍，但他遭人陷害，雖然僥倖逃出生天，卻身中劇毒導致容貌大變，體質也變得異常虛弱。

大難不死的主角為了復仇，之後率領麾下的能人異士加入朝堂政爭。有一次，主角憑著智慧扳倒政敵後，正對著炭爐烤火。爐火雖旺，但主角虛弱的體質導致他仍發冷打顫，以至於他忍不住伸手碰了燒紅的木炭。可想而知，主角被燙傷，此時他悲涼地對身旁人說：「你知道我這雙手，以前也是挽過大弓，降過烈馬的，可是現在只能在這陰詭地獄裡，攪弄風雲了……」

雖然琅琊榜的背景是參考魏晉南北朝時代，但當我看到以上場景時，卻認為：「這應該是最能具體呈現殘廢軍師孫臏的場景了。」

刑餘之人

孫臏，太史公司馬遷認為他的祖先是《孫子兵法》作者，也就是赫赫有名的孫武；他的本名難以考證，會以「臏」為名，是來自昔日同窗龐涓的背叛。

話說龐涓學成兵法後，在魏國擔任將軍，他認為孫臏的才能遠勝於己，為了扼殺未來可能的勁敵，龐涓先把孫臏請來魏國，隨即誣陷他，使孫臏被處以黥刑以及臏刑。

黥刑是指在受刑人臉上刺上字或是圖案，目的在於讓眾人能夠認出受刑人身分，好達到羞辱的效果。臏刑，在不同時代又有刖刑或斬趾的名稱，根據出土的春秋戰國文物，這種刑法會斬斷受刑人的足部，而另一種說法則是挖掉名為臏骨的膝蓋骨，好破壞受刑人的行走能力。

龐涓的毒辣不只是奪走孫臏肉體的健全，更在於扼殺孫臏的社會地位，因為被處重刑之人基本上不可能擔任官職。同時孫臏還要承受巨大的精

孫臏。

孫臏：我變強大了，身體也殘了！

神折磨，因為他之後都被人稱為「臏」，讓他一再被提醒：自己是個罪犯以及殘廢。

任何人被陷害，復仇通常是最直接的想法。但看孫臏當時的處境除了終生殘廢，對手還擔任當時最強盛國家的軍職，如此地獄級難度，如果是一般人應該會選擇放棄對抗，好苟延殘喘，可孫臏將用他接下來的行動證明：哥非一般人！

田忌賽馬

孫臏首先要做的，就是讓自己脫離險境，好避免龐涓進一步的迫害，於是他秘密接觸到訪問魏國的齊國使者。為何會選擇齊國呢？因為孫臏的祖先孫武就是齊國人。雖然不知道孫臏具體跟使者談了什麼，但最後使者被孫臏打動，將他帶回齊國。

接下來，孫臏開始尋找可以攀附的有權人士，於是他找上了齊國貴族田忌。從史料看田忌的言行舉止，此人一方面對人比較不設防，比起其他高層人士會更願意接觸已經跌落社會底層的孫臏。另一方面，田忌的思考模式頗為直率，若能獲得他的肯定，他會毫不掩藏地向人推薦，這就可以讓孫臏有機會接觸到更高權力之人，增加自己復仇的可行性。

跟隨田忌一段時間後，孫臏知道田忌經常與齊國貴族們玩賽馬賭博，也發現他往往輸多贏少。於是有一天，孫臏對田忌說：「信不信我有方法包你贏。」

一聽有穩贏的方法，田忌催促孫臏趕緊講，孫臏說：「跑馬比賽分為上、中、下三等，將軍的馬其實並不差，只是主公財力比你更雄厚，他每一個等級的馬自然都比你好。所以等一下比賽，你用下等馬對戰主公的上等馬、上等馬去對戰中等馬、中等馬去對戰下等馬。」

田忌按照孫臏的安排，結果首戰大敗，後兩場卻獲得勝利，兩勝一負的結果使田忌贏得齊威王的千金賭注，這也引起齊威王的懷疑：「你這小子平常都以絲毫之差輸給我，怎麼今天先大敗，後又倒贏我兩場？」在田忌解說孫臏的操作後，孫臏得以跟齊威王暢談自己的用兵之道，並隨即成為齊威王的兵法教師。

其實純以運動競賽的角度來看，孫臏的舉動破壞參賽者共識（也就是按強弱分配到相對應的等級）顯得挺不高尚，但如果以贏賭金的角度來看，孫臏的靈活思考無疑值得高度肯定。

舉一個類似的例子，ＮＢＡ國王隊的老闆是個富豪，這富豪的女兒喜歡打籃球，並且想要她所屬少年籃球隊拿冠軍。富豪老爸經過觀察後，為女兒的球隊制定一個戰術：全場緊迫盯人。

一般來說，Ａ隊從己方籃框下的底線發球時，Ｂ隊會守在球場另一端的籃框進行防守；但全場緊迫盯人卻是不等Ａ隊發球，Ｂ隊所有人就一對一地貼身防守敵方球員，好造成Ａ隊在壓力下出現失誤，Ｂ隊就能趁隙反擊。

為了執行亟需體力的緊迫盯人戰術，富豪老爸讓女兒的隊伍勤練體能，甚至還告訴隊員要不斷地吼叫、揮手以及貼身，讓敵方隊員在聽覺、視覺、觸覺全方位地感到壓力如山大。結果這一招效果超群，把抗壓力還不成熟的青少年對手全給嚇傻了，最終富豪女兒的隊伍獲得冠軍。

但在晉級過程中，不斷有人抗議富豪女兒的球隊：在球場大呼小叫很不尊重對手、貼身打法及小動作極其骯髒、球賽進程不流暢完全破壞觀眾興致……面對抨擊，富豪的回答是：「我們照規則來呀，重點是我們贏了！」

所以這場被後世稱為「田忌賽馬」的典故，不但成為後世玩對戰組合的一種謀略手段，我認為它最重大的意義，是孫臏在傳達一種思想，那就是：真正重要的是達成目標，所以規則可以拿來利用，觀念更要被打破。

另外，對於需要攀附有權人士才能展開復仇的孫臏來說，這場賽馬只怕是盤算已久的亮相機會，因為孫臏可以展現他能洞悉勝負的眼光，並接觸到急於爭霸的齊威王。

於是在歷經多年的潛伏後，孫臏也成為強國的軍事顧問，他總算有資格站上能與仇人針鋒相對的舞臺。

桂陵之戰

西元前三五四年，趙國進攻魏國的盟國衛國，魏國因此派兵進攻趙國，而且很快包圍趙國首都邯鄲。眼見大勢不妙的趙國趕緊派使者向齊、楚兩個大國求援，齊威王收到救援請求後，很快地決定出兵打擊魏國實力，於是命一路齊軍圍攻魏國的襄陵，另一路齊軍則去援助趙國。

本來齊威王打算讓孫臏擔任救趙軍隊的主將，但孫臏拒絕：「我受過刑罰，沒有威望可以統領軍隊。」看著不良於行且破相的孫臏，齊威王了解將士的確很難在短時間對孫臏心悅臣服，所以任命田忌為主將、孫臏為軍師，率軍前往趙國迎戰魏軍主力。

話說龐涓能當上魏國將軍的確有他的實力，當救趙的齊軍剛抵達齊魏兩國邊境，他已經攻破趙國首都邯鄲，並率軍進攻殘留在衛國的趙軍。眼看形勢越加危急，田忌準備下令：「立刻進入趙國，隨時預備與魏軍交戰。」

「不可！」

孫臏說：「救趙不一定要去趙國。」

看到田忌滿頭問號，孫臏解釋：「當你看到兩個人鬥毆，如果直接加入戰局，非但不能隔開兩人，自己還要身受其害。現在我軍直接進入趙國，必然遇到駐守魏軍的抵抗，姑且不論是否能成功救援，我們自己必定蒙受不小的損失。魏國長期攻打趙國，如今主力大軍都在外征戰，國內就剩老弱殘兵，所以我們應該避實擊虛，速攻防守空虛的魏國首都大梁，這樣攻趙的魏軍一定會回國救援，而我們可以預先在交通要道設好埋伏，在以逸待勞的優勢下迎戰，如此既達成救趙的目的，還能確實打擊魏國的實力。」

田忌聽到「圍魏救趙」這個突破性的思維，在震撼之餘當即表示：「全聽您的主意！」

於是當龐涓在衛國奮戰時，突然接到消息：「急報！齊國大軍向大梁快速進軍，主公發出告急書信！」

龐涓簡直氣瘋了，他可是即將大獲全勝，但齊軍卻輕而易舉地逼自己必須放棄所有戰果。但他很快鎮定下來，並詢問信使：「有齊軍進攻路線的消息嗎？」

信使回答：「齊軍目前主攻平陵。」

「哈！齊軍這是自找死路。」

龐涓對部下說：

「平陵城雖小，但這裡人口眾多，負責防守當地的大夫可以迅速組成軍隊抵抗入侵，齊軍豈能輕易攻克該地？況且平陵離衛國很近，我軍可以在回援路途中順便切斷齊軍後方糧道。如此看來，齊軍主帥根本是無能之徒，我們趕緊回軍，只要與本國守軍配合夾擊，定叫這批齊軍死無葬身之地！」

「先生，斥候回報，魏軍已經折返回國。另外按您吩咐，先前派出臨淄、高唐兩城的大夫率軍進攻平陵，結果我軍被打得大敗而歸。」

聽到田忌的報告，孫臏冷靜地回應：

「之前我們選擇容易被包抄的路線進軍，如今又吃了敗仗，這下敵軍一定更加輕視我軍。現在再請將軍派少量部隊攻打大梁城附近地區，這樣魏軍會更急著回援，然後我們決定埋伏地點，等著兵疲馬困的魏軍自投羅網。」

「請問應該在何地設伏？」

仔細觀察地圖後，孫臏肯定地指向一個地方：

「桂陵。」

「再快一點！」

龐涓顧不得麾下的戰車劇烈搖晃，不停催促著車夫加速。日前他又收到大梁城告急的書信，要是他再不趕到，就算齊軍沒有攻下大梁，日後免不了被主公責罰。所以當他率魏軍回國，並輕易擊敗阻擊的齊軍後，他就決定先率戰車、騎兵、輕甲步兵以最快速度先趕到大梁。如此他能先給主公一個交代，之後再指揮大部隊掃蕩齊軍……

殺！！！

瞬間爆出的殺聲，讓經歷數天強行趕路的魏軍錯愕，接下來他們看到齊國大隊人馬湧出，在懸殊的人數差距下，魏軍瞬間被擊破，龐涓也直接成為俘虜。

「我中計了！齊軍主帥之前一直在示弱讓我輕敵，之後掌握好距離，在

孫臏：我變強大了，身體也殘了！

我軍氣力不繼的半途截殺我們。這世上有如此強者能如此精確計算心理及地理？」

驚愕莫名的龐涓被帶入齊軍主帳，他首先看到的，是相貌堂堂的主帥田忌。

「就是他擊敗我的？」

看著龐涓心有不甘的眼神，田忌轉向身旁的人說：

「先生，想和您的故人敘舊嗎？」

小兵推動特別設置的車子，讓平日安坐其中的軍師靠近龐涓，看見車上那張帶有刺青的面容，龐涓失聲叫道：「竟是你這豎子！」

孫臏則語帶深意地說：「久違了，龐將軍。」

雖然齊軍在桂陵之戰取得戰術性勝利，但魏軍主力尚存，之後還將另一路攻擊襄陵的齊軍打得大敗。齊國只能聯合楚國向魏國提出休戰，為表和談誠意，齊國釋放被俘的龐涓。

在返國的路上，龐涓心中暗道：「孫臏，你會贏我，是因為你在暗而我在明，如今你我皆知雙方底細，日後再戰，定叫你這豎子死無葬身之地！」

聽到龐涓被釋放的消息，孫臏顯得很淡然，反倒是知曉兩人過往恩怨的旁人忍不住問：「先生，您這樣就甘心了？」

孫臏依舊淡然地回道：「還不到時候。」

馬陵之戰

西元前三四二年，魏國攻打韓國，抵擋不住的韓國向齊國求救。齊威王一樣派田忌為主將、孫臏為軍師，率軍援助韓國。開戰之初，孫臏再次使用襲擊大梁的戰術，這消息很快地傳到攻韓的龐涓耳中。

「豎子你技窮矣！同樣的招數對我施展第二次是沒有用的！」

早有防備的龐涓迅速回軍，但方向卻不是大梁，反而是前往齊魏邊境。

孫臏：我變強大了，身體也殘了！

「將軍，我們為何不直接救援大梁？只要回到都城，就可先確保萬無一失呀！」

面對軍隊名義主帥的魏國太子提問，龐涓說：

「齊人欺我太甚，我們應該搶在他們進軍的中途就與他們開戰。齊軍士卒一向怯戰，而我國的魏武卒卻是訓練精良，只要能讓雙方交戰，我軍定能大獲全勝！」

同一時間，田忌詢問孫臏：

「先生，圍魏救趙雖然是妙計，但上次能成功是攻其不備，這次重複使用還能奏效嗎？」

孫臏自信地回答：

「管用的招數值得重複使用，而且還可以變招。齊軍向來以怯戰聞名，龐涓曾敗於我手，一定自恃魏軍精良而急於向我復仇，所以他會對我們展開追擊。現在請將軍下令，讓齊軍向本國方向後撤，當魏軍接近我們時，在第一天設置十萬個做飯的灶，第二天則減為五萬個，並讓士兵合灶吃飯，第三天再減為三萬個。」

於是當龐涓追擊齊軍時，他觀察到齊軍每天都在減灶，不禁樂道：「我本來就曉得齊軍懦弱，可沒想到才過三天，他們就逃跑一大半。現在本將親率騎兵追擊，定叫齊軍死在異地無法歸國。」

馬陵，孫臏為龐涓設下的伏擊圈。田忌向孫臏回報：「軍師，按您吩咐，已在官道兩旁設下萬名弓弩手埋伏。」

孫臏呼了一口氣，昔日夙怨將在今日完結。

「我估計龐涓今夜會趕到，此地兩旁多是峻隘險嶺，所以他必走官道。請將軍削掉路旁大樹的樹皮，在露出的白木上刻字，龐涓必然會點火觀看，那時就讓埋伏的士卒放箭齊射。」

聽完孫臏的吩咐，田忌問：「請問樹上要寫什麼？」

夜晚，馬陵道。

龐涓率兵疾馳，但越走心中越是不安，因為此地太適合埋伏，自己是否先暫停好做觀察……

「將軍，我們發現前方樹木似乎有刻字。」

「莫非是齊軍有留下什麼記號？」

為了解決疑惑，龐涓命令部下點燃火把好讓他觀看。隨著火光燃起，龐涓看見眼前樹木上的刻字……「龐涓死於此樹之下」。

嗖嗖嗖！

先是箭矢破空之聲，再來就是魏軍此起彼落的嚎叫。埋伏的齊軍萬箭齊發，眼看魏軍全盤崩潰，龐涓屈辱地拔出配劍抵在自己的咽喉，並羞憤地喊出：「今日遂成豎子之名！」隨即手往脖子一抹，之後頹然倒下……

齊軍在馬陵道埋伏成功後，乘勢攻擊留在後方的魏軍，最終在此戰斬殺十萬魏軍及魏國太子。這使魏國元氣大傷並一蹶不振，齊國則開始稱霸東方。

其後

就在馬陵之戰結束後，孫臏對田忌說：「將軍有意做一番大事嗎？」

田忌說：「我們不是已經完成一番大事了？」

孫臏說：「真正的大事，現在才開始。將軍與在國內主政的鄒忌一向不和，如今的勝仗，必然讓鄒忌感到威脅，所以他一定會對你下手。因此將軍最好不要解除武裝返回齊國，而是安排老弱士卒把守主地。主地道路狹窄，就算只讓老弱士卒防守，倚靠地形優勢仍可以一當十地守住。然後將軍背靠泰山、左靠濟水、右靠高唐來占有根據地，接下來用輕車戰馬直衝齊國首都臨淄；那時鄒忌必定出逃，齊國大權就由將軍掌握決定了。否則，我認為將軍有可能無法安全返回齊國。」

田忌瞪大眼睛看著孫臏，之後……

「先生，您是否多慮了？田忌雖與鄒忌不和，但若因爭權而擅自用兵威逼，也絕非我所願。況且我對主上向來忠心，形勢未必如先生說得如此險惡呀！」

聽到田忌的回應，孫臏想著：

「真是光明磊落，曾幾何時，我也跟你一樣。正因如此，你跟我當初一樣沒能了解人心可以有多麼的陰險黑暗。」

如孫臏預料，鄒忌果真出手抹黑田忌。他派人假裝成田忌部下並大動作找人占卜：「田忌將軍三戰三勝，現在名震天下後欲圖大事，是否占卜一下好觀看吉凶？」之後立刻逮捕占卜師，讓占卜師在齊威王面前說出以上言論。

接到被抹黑的消息，田忌大為恐慌，只好出奔到楚國尋求庇護，孫臏也隨田忌來到楚國。

「老師，田忌將軍雖受厚待，但楚王仍提防他。現今我們無事可做，又該如何呢？」

自從桂陵之戰揚名後，孫臏接納一些願意學習的門徒，聽到學生的疑惑，孫臏回道：「怎麼會沒事情做呢？你們該學會等待時機，等待時則要學會自處。先前為師事務眾多，如今清閒，我打算整理自己的用兵心得，你們也來幫忙並從中參詳思考吧。」

在弟子的協助下，孫臏回憶起他的過往，並總結他在其中的心得。他是如何協助田忌、又是如何與齊威王應答、又是如何在戰場上施展謀略擊敗他的宿敵……隨著內容累積，一部兵法書正逐漸成形。孫臏不無感慨地說：「我的祖先孫武，以戰場上的勝利名震一時，但真正讓後人都紀念他的，卻是他退隱後寫成的兵法；如今我同樣為當世人所知，那讓後人知曉我的，或許也正是這部兵法吧？」

餘緒

做為著名的軍事家，孫臏的下場卻是不明。有人說，後來隨著誣陷傳聞的澄清，孫臏得以隨著田忌回國並繼續出謀劃策，之後在家頤養天年。也有人說，孫臏不得善終。甚至之後還有人質疑司馬遷的記載，認為孫武跟孫臏應該是同一個人。

西元一九七二年，在山東臨沂銀雀山漢墓出土了竹簡本的《孫子兵法》和《孫臏兵法》，打破眾人對孫臏存在與否的質疑。

我最初聽孫臏的故事，對於他復仇成功而且切中要害的詭道奇謀感到著迷。但這一次，我試著帶入孫臏處境好描述故事時，才意識到：他的一生大多在後天殘廢中度過。

雖然經歷身心創傷後，孫臏激發出潛藏的智慧，可如果我是孫臏，我會喜歡這樣的交換嗎？或許，孫臏不只一次想著：「我以往天真無知可雙足健全地活著，如今洞悉世間卻雙足俱殘。那些過去且失去的美好，我忘不了也無法挽回。如今所能做的，無非是善用過去不曾得過的眼界及經驗，完成自己現在認為最理想的目標。只是有時，對那幻滅的憧憬，仍是無法言語的悔恨……」

商鞅

玩弄敵人，也玩死自己

兵無常勢，水無常形，世事常因處境不同而有需變革的時刻。

戰國時代是競爭激烈的亂世，各國為求生存無不求新求變。正因競爭激烈，能從中脫穎而出的勝利者自然更受到關注及推崇，所以讓日後一統天下的秦國實力蛻變的「商鞅變法」，就成為後世研究改革的典範。

很值得玩味的一點，我小時候聽商鞅的故事，講的人很少提他改革如何成功，反而比較聚焦在他「做法自斃」的結局。為何一個人幫助國家強盛，最後卻遭到舉國痛恨？雖已有無數前人對此做出點評，但老ㄕ這次也決定提出自己的一家之言，探討這位影響戰國局勢的關鍵人物。

弱國的王孫

商鞅，原名衛鞅，衛國宗室的後代。雖然出身高人一等，但衛國國力衰弱，為求更好的發展，衛鞅果斷決定前往戰國首強的魏國為國相公叔痤服務。

公叔痤非常欣賞衛鞅的才華，所以在病重時向魏惠王推薦：「衛鞅年輕有才，可以讓他擔任國相治理國家。」

魏惠王一聽這話就露出滿臉狐疑的表情：「國相呀，你是不是病糊塗了？且不說咱魏國那麼多人才，你卻只推崇衛鞅。依他的資歷，怎麼排也排不上他，若是用他那要如何服眾呀？」

眼看魏惠王反對，公叔痤說：「主公如果不用商鞅，那就殺掉他！不要讓他投奔別國成為後患。」

等到魏惠王走後，公叔痤趕緊找來衛鞅說：「我向主公推薦你當國相，他不答應，之後又告訴他，若是不用你就一定要殺了你，所以現在你趕緊離開魏國吧！」

相信看到此處，不少人會覺得：「這公叔痤有毛病吧？怎麼會做出如此矛盾且兩面不討好的舉動？都說要殺人了，竟然還告訴當事人；於公，他這樣是縱虎歸山；於私，這是展現自己的殺意呀！」

這裡就要解釋一下，戰國時代以前的春秋，很多時候家族或個人關係凌駕在國家之上。舉個例，有人跟孔子說：「我們這裡有人偷羊，結果被他兒子告發，這兒子不是很正直嗎？」結果孔子卻說：「父為子隱瞞，子為父隱瞞，這才叫正直呀！」以上言論證明，家庭和人倫凌駕在國家之上是很正常的。

但到了戰國時代，國家的力量開始膨脹，對公叔痤而言，和國君對談就要以國家的利益為出發。不過當時舊有的傳統還沒有完全消退，所以和衛鞅談話時，可以私下的交情及利益為主。因此，公私兩者在不同時空場景下是可以切割且不衝突的。

衛鞅回答公叔痤：「主公既然認為我是小咖，所以不採納您推薦我的建議，又豈會再聽您另一個建議呢？」所以衛鞅繼續待在魏國，而魏惠王也果然沒對他下手。

衛鞅為何會冒著被殺的風險（即便極小），也要留在魏國呢？因為老尸說過很多次：「魏國是戰國中率先革新的首霸。」也就是說，風氣開明的魏國還算是有創新及向上爬的空間，所以衛鞅需要觀察一下，自己在魏國是否還有機會。另一方面，衛鞅也密切注意有沒有其他國家也會掀起改革的風氣，如果有更好的機會，那麼再離開也不遲。所以用一句話就可以解釋衛鞅的思考，那就是「騎驢找馬」。

投奔秦國

西元前三六二年，秦孝公繼位。雖然是老牌諸侯國，但秦國當時的表現卻非常令人堪憂。首先它位置偏僻，在當時的國際外交上直接被中原各國諸侯忽略；另外秦國那時的物資及生產不豐，經濟困頓；最後，魏國曾多次擊敗秦國，這其中尤以名將吳起占領河西之地對秦國打擊最大，因為這徹底封死秦國向東發展的可能性。

外交孤立、國力落後、強敵在旁，這些危機促使秦孝公積極改革，他頒布求賢令，並明確指出：「誰能為秦國獻出富國強兵之策，我便給予他高官及土地的賞賜。」

「這就是我要的機會！」

看到秦國的改革契機，衛鞅來到秦國，並通過秦孝公的寵臣景監迅速見到秦孝公。

「先生有何指教？」

面對秦孝公的發問，衛鞅開口：

「我為您講一下，遙想當年黃帝乃至堯與舜的時代……」

秦孝公聽著衛鞅的發言，越聽眼皮越重，強大的睡意讓他忍不住對眼前之人頻頻低頭。好不容易聽完衛鞅的發言，秦孝公銜回去找推薦人景監：

「你這混帳！推薦的是什麼狗屁神經病？跟老子談黃帝？講啥神話故事？」

被噴得滿臉的景監衝去指責衛鞅：「主公說你就是個狂妄之徒，不可任用！這下好了，害我也被罵！」衛鞅卻說：「安啦，對我有點信心，再安排我見主公一面吧！」

不知是怎樣的神之操作，景監竟然信了衛鞅而且又成功讓他與孝公碰面。然後衛鞅開口：「今天跟您講，昔日武王伐紂，其後有周公制禮作樂……」

這次秦孝公雖然沒睡著，但回去對著景監依然是一頓噴：「又讓這個廢物跟我講廢話！你敢再叫他來，信不信我弄死他後再弄死你！」

景監肚爛地找衛鞅：「你是不是想搞死我！信不信我先搞死你！」衛鞅依舊自信地說：「再給我一次機會，如果失敗了，你想怎麼搞我，我都認了。」

還是在老ㄕ摸不透的神之操作下，衛鞅第三次見到秦孝公，然後開口：「今天跟您說昔日齊桓公在管仲的輔助下，中興齊國並會盟多國諸侯……」

等到衛鞅發表完言論，秦孝公點點頭，之後回去找景監說：「你推薦的人，今天講的東西總算是比較有長進了，雖然我沒打算採納，但講的內容還是不錯地。」

景監找到衛鞅時，衛鞅這次主動說：「我想是時候開誠布公我的壓箱底了。」

於是衛鞅第四次找上孝公，開口道：「昔日李悝著《法經》，文侯用之……」說著說著，旁邊的侍衛全都傻眼了，因為主公竟然越聽越嗨，甚至忍不住連連向衛鞅湊近，好像恨不得耳朵都要貼在衛鞅的嘴上，而且接下來好幾天，兩人都是從白天談到黑夜。

這個消息傳到景監耳中，連他自己都不敢置信。他之後找到衛鞅問：「為何主公四次見你，態度差異如此巨人？」衛鞅說：「第一次見面，我講的是帝道，這樣實施好幾代才能達到天下安定的局面。第二次見面，我講的是王道，要經文王、武王、周公輔政的成王三代才能定天下。這些對於主公都耗時太久，所以才不中聽。我第三次講的是霸道，一任君主就可以達成，但依然要顧及許多禮節。現在我講的是強國之道，是我總結魏國崛起的經驗內容，效果之強近在眼前，且無須顧及過往法度，這就是主公最想要的治國理念呀！」

講到這裡，相信有人一定會說：「衛鞅幹嘛不直接就把壓箱寶拿出來？拖延這麼多次，萬一中間秦孝公完全放棄他，那該怎麼辦？」

那我會回答：「衛鞅在進行一次結果令人滿意的向上管理。」

試問，哪個領導者或是公司主管不喊著要人才？但請問又有幾個人能真正用人才？所以在秦孝公考核人才時，衛鞅也在考核這號稱「求賢之人」的肚量。事實證明，秦孝公的肚量不是一般地大，面對前兩次都報告失敗之人，仍舊願意騰出時間繼續接見，這個舉動就是孝公向外昭告：「臭魚爛蝦來我都接待，難道人才來我不重用嗎？」

看見領導的包容及耐力，並在之後提出改革理想，又念在看見秦孝公的飢渴及激動，這才讓衛鞅確定：「眼前之人，是願意大破大立的好領導，最適合讓我攀附並一展所長！」

雷厲風行的改革

在秦孝公的支持下，衛鞅展開激烈的改革變法，由於內容非常多，老ㄕ試著精簡出其中較為重要的核心概念：

一、重農抑商

強迫各行各業的百姓（尤其是商人）從事農業，並限制農民遷徙以及接觸知識的自由，其目的是累積戰爭軍糧。（在之後威力加強版的第二次變法，還規定從事工商業者，連同妻子、兒女罰入官府為奴，可見商人在衛鞅的法律下有多麼沒人權。）

二、加重賦稅

明確規定土地稅、人頭稅、傜役（可以想像成為政府免費勞動服務），這三種稅收方式。為了達到加強稅收的效果，貴族成為重點打擊對象。首先，貴族的稅率更重；再來，貴族子弟除嫡長子外必須服徭役；最後，貴族世襲享受祖先功勞的規定被取消，其目的是削弱貴族資產，一方面能迫使貴族要投入國家生產，另一方面可以強化王權。平民也別高興，因為衛鞅規定家庭若有兩個以上的兒子，必須在他們成年後分家獨立，如此可讓秦國按增加戶口數徵調人力，而不從此法的家庭，要繳加倍的賦稅。

三、思想管制

明確用法律規定什麼性情的人要被處罰（大家也可以看看自己是否有中槍：心胸狹窄、性情急躁、懈怠懶惰、揮霍錢財、阿諛奉承……），居民要互相監督檢舉，一家犯法，十家連坐。不告發奸人的處以腰斬，告發者則可賞賜爵位一級，若是藏匿奸人，不但自己被處斬，全家財產還要被充公。（之後的第二次變法，衛鞅還焚燒諸子百家的著作，避免有人使用其他學說挑戰法令。）

四、確立軍功制度

建立二十等軍功爵制：士兵斬敵甲士首級一顆可得爵位一級，良田一頃，住宅土地九畝，役使無爵位的庶子一人，並擁有做官資格；斬敵甲士首級五顆可以役使本鄉的五戶人家。隨著爵位越高，就須以更多的斬首數換取，例如屯長若要晉升，所領導的五人小隊要斬首三十三顆。

另外，五人小隊沒砍到敵人首級，全隊處斬！衝鋒時有臨陣退縮者，在全軍面前處黥刑或劓刑（就是在臉上刺字或是砍鼻子）！

當變法內容一推出，秦國不分階層的人都炸了，因為新法完全顛覆秦國社會舊有的習俗及體制，這改變幅度的巨大，使所有人在起初都不敢置信。衛鞅對此特地搞出「徙木立信」的宣傳，就是派人在首都市場的南門豎起一根約八公尺的木頭，並表示：「誰能把木頭搬到北門立即獲得賞金十鎰。（後來賞金增加到五十鎰，然後一鎰金可兌換十二石粟，根據葛劍雄教授研究，一個秦人平均一年吃十八石的粟，所以五十鎰金的概念就是……讓你可以購買大約三十四

徙木立信。

年份的粟！）」有人在搬木頭後，果然獲得賞金，這才讓所有人了解：衛鞅是玩真的。

但新法的改變實在太大，幾乎所有階層都因極度不適應而表達抗議，甚至連秦孝公的太子都違反新法，可見當時秦人有多麼水土不服。

衛鞅的對應方法很簡單：罰到你怕就不敢囉嗦了！

太子的犯法對衛鞅而言，是挑戰，也是一個公關宣傳的時刻。他表示：「法律推行不成功，就是上位者自己不先好好身體力行，所以太子必須接受新法的處罰，須處以黥刑（也就是在臉上刺青），如此才能證明法律的效力！」

「不可呀！」

所有官員都跳腳了，在太子臉上刺青？這樣他未來當領導還能見人嗎？

「太子是儲君，不方便黥刑，所以讓太子的老師代替受罰，因為他管教無方！」

隨著衛鞅的命令，太子的其中一個老師被施以黥刑，而另一個老師公子虔也被處罰，並在四年後因觸犯新法，直接被劓刑（削掉鼻子）。這一波操作讓所有貴族都安靜了，至少表面上如此。

對於平民，衛鞅也不手軟。有平民議論新法的好壞，結果不論是贊同還是反對，全被衛鞅給抓了，理由是：「點讚的是阿諛奉承！批評的是目無法紀！全部違反我制定的善良風俗，所以統統發配邊疆服勞役！」

姑且不管秦人的心理陰影面積，衛鞅變法的成效很明顯地提升秦國國力。因為秦國之後擊敗韓國，使各國不敢再小覷，於是楚宣王與秦孝公聯姻，魏惠王與秦孝公會盟，秦國終結外交被孤立的處境。而隨著變法越加徹底，衛鞅終於要實踐他的目標——擊敗魏國。

揮師東進

前面提到，掌控河西之地是秦國能否東進發展的關鍵，所以秦孝公不惜徵人才、搞變法，都是為了擊敗魏國好占有河西之地。

西元前三五四年，衛鞅趁魏國派大軍進攻趙國首都邯鄲（順帶一提，有沒有覺得這個戰役有點眼熟？因為這就是在〈孫臏篇〉提到的桂陵之戰），立刻領軍偷襲魏國，之後殲滅七千守軍並占領少梁。雖然戰果看似不多，卻足以顯示衛鞅對當時國際局勢觀察敏銳，使他能把握魏國與關東強國對戰的時機乘隙發兵。

之後，魏國在桂陵之戰被齊國軍隊擊敗，加上楚國以「救趙」的名義加入戰局，魏國一時之間被圍毆得狼狽不堪。精明的衛鞅自然不會放棄擴大戰果的機會，於是率兵直接攻占魏國舊都安邑。這下可把魏惠王嚇壞了，再擋不住秦國，自己可要面臨三路大軍的夾擊，於是緊急調軍修築防禦工事好阻止秦軍。問題是，這反而激起秦軍的鬥志，因為根據衛鞅的軍功升級制度，攻城戰可是能讓戰功累積增加數倍的，我想當時秦軍可能懷著「有城牆？我好興奮！我好興奮呀！」的心態去暴力衝鋒，於是衛鞅攻破防禦工事，進一步占領魏國土地。

有道是「瘦死的駱駝比馬大」，即便連連吃虧，但魏國畢竟是底子厚的戰國首強，所以魏國先擊敗齊國並與楚國休戰，隨即集中兵力向西反攻，並且馬上擊敗秦軍奪回了安邑等失地。而且估計是受不了昔日的手下敗將竟把自己一度逼得如此窘迫，魏惠王竟一口氣召集宋、衛、鄒、魯等十二個小國組成聯軍，準備爆打秦國。

這下換秦孝公嚇壞了，想不到連受重創的魏國竟還可以如此強勢，於是秦孝公決定：「召集全國軍隊跟他拚了！」此時衛鞅跳出來說：「拚個頭啦！我們一個國家打得過對方十三個國家嗎？安啦！我有辦法。」

於是衛鞅去見魏惠王，隨即發言：「大王的實力強大，我秦國萬不能敵，如今放眼天下能抵擋大王者，唯有東方的齊國。大王如今已能號令泗河地區的十二諸侯，何不繼續向北聯合燕國，如此就可以夾擊之勢向東攻打齊國，而我們秦國也願幫助大王，這樣大王就能向南攻打楚國。齊楚兩國一敗，韓趙兩國定會屈服，屆時大王就可真正地稱霸天下！」

衛鞅這一頓說詞，頓時把魏惠王哄得心花怒放，隨即決定把矛頭轉向他國（而這麼做會成功的前提，我認為主要建立在兩點：一、秦國相比齊楚較弱，非魏國首要的威脅。二、魏國先前的戰敗，是以齊國的圍魏救趙做為開端，所以魏惠王自然更惱火齊國）。不只如此，衛鞅還出了一個餿主意：「大王何不先稱王，如此可做為號令天下的準備呀！」

這裡要跳出來解釋，先前為了敘述方便，所以都說是「魏惠王」。但實際上，當時用「王」之名號的，只有名義上的天下共主——周天子，還有從春秋時代就表示天下我最大最強的楚國。在接受衛鞅的慫恿前，魏國君主地位只到「侯」，而齊、秦、燕這幾個老牌諸侯國，甚至是魯、衛、宋等實力衰弱的小國君主，地位都是更高階的「公」，所以衛鞅抓準魏惠王積極稱霸的心態，讓他直接稱王，如此就能在名義上成為高人一等的存在。

魏惠王毫不猶豫地接受衛鞅的主意，立刻自封為王，這讓他自我感覺非常良好，問題是……其他諸侯國覺得自己被小看，所以都很怒！魏國也注定在日後要被所有人針鋒相對。

說到這，眼看魏惠王一直被衛鞅牽著鼻子走向更大的危機，我突然想到公叔痤當初曾對魏惠王說：「主公要是不用衛鞅，一定要趕緊殺了他！」如今看來，這預言是何等地準確，又是何等地諷刺呀！

二度出擊

面對魏惠王聯軍的強襲，秦孝公認識到秦國國力雖有長進，仍不及對手，所以接下來的時間，他繼續力挺衛鞅推動更激烈的改革，而衛鞅在強國練兵的同時，依舊關注著出兵時機。

終於在西元前三四一年，魏國在馬陵之戰被齊國重創，衛鞅立刻揮軍攻魏。魏國很快派公子卬領軍迎戰，在兩軍對峙時，衛鞅聯繫公子卬：「我當初與公子相處愉快，卻沒想到如今要兵戎相向，我不忍心與你生死交鋒，不如我們見面訂立盟約，然後彼此痛飲，正好紀念我們既維繫彼此情誼又保兩國相安無事。」

公子卬看到衛鞅的訊息，心裡真是感動得一塌糊塗，於是準時赴約……然後瞬間就被衛鞅埋伏的士兵給綁了。

「你口口聲聲說念及我倆的情誼，結果以此來訛詐我？」

面對公子卬的控訴，我猜衛鞅會不會訝異地反問：

「敵人在戰場上說的話，你也信？」

由於主將被擄，魏軍因群龍無首大敗，已經無法再承受戰爭損失的魏惠王只能割讓河西部分土地求和，但這只是極為短暫的和平，因為元氣大傷的魏國此時與秦國的強弱之勢已然逆轉，依照可預期的發展，秦國必然持續東進，而魏國未來將繼續挨打。魏惠王忍不住喟嘆：「寡人真後悔沒有聽公叔痤的話呀！」

在魏惠王頓足搥胸的同時，衛鞅因戰功被秦孝公加封於「商」，由於擁有獨立土地算是一個小國君主，當時人會以封地的名字稱呼他，於是那個名聞後世的「商鞅」就此誕生。

不得好死

從實力衰弱的小國王孫，如今成為崛起大國的百官之首，商鞅非常得意。所以有次他見到一個叫趙良的人，志得意滿地問：

「我以一個外人的身分來到秦國，之後改造了整個國家風氣，還建造不輸文化古國的雄偉宮廷城闕，這樣的功績與昔日同樣以外來身分輔佐秦穆公稱霸的五羖大夫百里奚相比，你覺得誰更有才幹？」

面對明擺著要人肯定的商鞅，趙良這麼說：

「百里奚當年聽說秦穆公賢明，寧願把自己賣為奴隸也要湊齊路費，對於百里奚如此刻骨的誠意，秦國沒有人不佩服。之後他出任秦相，累了也不坐車，酷暑炎熱也不讓人打傘，並以德化教育百姓。所以他死的時候，舉國百姓無不痛哭流涕，皆因感念百里奚的恩德。

可您之所以成為秦相，最初是靠著寵臣景監的推薦走後門，這事本身就沒啥好名聲。後來執政時，一味用嚴刑酷法強迫百姓改變及遵行，還讓百姓修建大規模建築，您覺得自己在百姓心中會有什麼樣的名聲？事實上，您的新法還得罪秦國貴族，特別是當年為了立威，將受到貴族推崇的公子虔施以肉刑，如今他閉門不出八年，可見他對您怨恨極深。

百里奚當年出門，因受眾人愛戴，完全不用攜帶任何護衛；可您如今若沒有前呼後擁且持矛操戟的甲士貼身警備，就根本不敢出門。您的處境就好像早晨的露水，隨時準備完蛋。我看您不如交還封地並退到偏遠的地方去自力更生，同時勸秦君施行德政，使弱勢百姓獲得照顧，如此或許還能稍保平安。否則您繼續貪圖富貴和獨攬國政，若有朝一日無法再獲得秦君的信任，那秦國想要您命的人還能少嗎？」

商鞅沒有聽從趙良的勸告，而五個月後，秦孝公去世，昔日差點被臉上刺青的太子繼位（這位新王日後被稱為秦惠文王）。

眼看昔日死敵成為領導，商鞅趕緊表示想退休，但此時先有人向秦惠文王建議：「秦國百姓如今只知道商鞅的新法，而不知道君上您，這種功高蓋主之人太危險了。況且君上您不是與商鞅有仇？不如趕緊清算他！」同時公子虔等貴族告發商鞅意圖謀反，秦惠文王於是派人捉拿商鞅。

不過商鞅提早得知消息，於是在拘捕前先落跑好投奔他國。連日的奔波後，商鞅在夜晚時分逃到邊境地帶。由於太過勞累，商鞅決定住宿旅店，結果旅店老闆說：「商鞅的新法律規定：旅店不可接納未帶身分證之人。勞駕您拿出身分證明吧。」商鞅囧了，因為逃難太急所以他沒帶身分證，何況就算他帶了，在被通緝的狀況下也不敢拿出來，於是他只能悻然離去，並自嘲道：「這法律可還真嚴謹呀！」

好不容易，商鞅走到秦魏兩國的交界處，結果把守國境的魏將忿恨地說：「你這欺騙公子卬的小人還妄想進入魏國？告訴你……沒門！」於是商鞅只能返回自己封地，而且估計是不想坐以待斃地被拘捕，他竟發兵攻打秦國城市。

「哈！這下是你主動造反，可不是什麼誣告了吧。」

秦惠文王派兵鎮壓商鞅，在實力懸殊的情況下，商鞅戰死，其屍身被帶回秦國首都處以車裂後示眾，商鞅全族也被誅滅。

老ㄕ一己之見

關於商鞅不得好死的原因，歷史上許多人都有分析：得罪當權貴族、強制改變風俗、以詭詐之道行事……我覺得有道理，但也還有可以為商鞅辯駁的地方。

比如：得罪當權貴族。但這是戰國時代的必要治國策略，如果不將權力及戰果從特定階級解放出來，誰還肯為國家賣力？更何況打擊貴族勢力，其實君主也在中央集權的過程裡撈到好處，所以即便商鞅死，秦惠文王仍然執行商鞅新法，因為對君主而言，這法律簡直太好用了。

強制改變風俗，這的確會讓老百姓哀鴻遍野，畢竟人天性追求穩定。可是商鞅變法也讓不少平民獲得以往難以想像的晉升，更是讓秦國人享受到國際地位提升的尊榮。要說商鞅的改革會讓人民因不便而忿恨一時，但時間拉長，享受到福利的群眾應該會感恩戴德地鼎力支持才是。可詭異的是，商鞅死時卻幾乎是人人歡慶，難道秦國人個個都是忘恩負義的白眼狼？

以詭詐之道行事，那就見仁見智了，因為對敵人的殘忍就是對自己人的恩慈。（但我認同呂思勉教授提出的一種看法，就是當你慣性地以詭詐待人，那身旁的人自然也容易詭詐待你，這就是把自己投入在危險的環境之中。）

到底為何商鞅如此被集體忿恨？觀察商鞅的變法內容，我找到自己版本的解答⋯⋯相互監督檢舉，告發後採連坐懲處。

如果大家對課本提到我國曾有一段「白色恐怖」時期有印象，應該知道言論及思想管制下，民眾有多麼被壓抑，而這股壓抑會形成怨念，長期的怨念則會發酵變質成巨大的反撲，即便這樣的管制當初有他背景上的合理性或必要性。以白色恐怖而言，是為了防止共產黨進一步透過言論宣傳破壞治安，如果研究共產黨歷史，很容易發現他們真的很會操作言論並以此動搖對手；若以商鞅變法來說，他則是希望透過新法使秦國迅速富國強兵。

同時，告發後採連坐懲處，這當中有多少人因告發而得利？又因被告而家破人亡？這不但是累積怨念，還培養了一個最要不得的風氣：誣告。

大家回憶一下，秦惠文王是在何時決定要逮捕商鞅？答案是：公子虔等人告發商鞅要謀反。但這延伸出很多疑問：商鞅謀反的動機是什麼？有沒有證據？透過這些疑問不難發現這個告發超級站不住腳，商鞅如果據理力爭，應該能輕易反駁。可商鞅的反應卻是立刻落跑，為何商鞅反應這麼大？或許我們能合理推斷，商鞅在執政期間，對於誣告是清楚且縱容的（甚至用更腹黑的角度來看，說不定商鞅自己就參與或挑起誣告，好製造更有利於己的局面），所以他明白這招搞死人的功力有多厲害，以至於當他自己面臨誣告時，連抵抗的念頭都不敢有。

時間回到商鞅剛獲得秦孝公欣賞的時刻，那時他跟景監解釋自己因提出強國之道而讓秦孝公興奮不已，但他最後是用一句感嘆做結尾：「使用強國之道，可就難與德治的效果長久相比了。」

其實商鞅變法雖然太過兇猛，但對於陷入危急的秦國卻是必需的猛藥。可是當秦國已經擊敗強敵，商鞅完全有機會用德治做出平衡調整，這非但是他早年的認識，甚至在晚年還有趙良的當面提醒，但商鞅卻堅持不肯改。這其中的原因，只怕是趙良所說的「貪戀權位」吧。

所以若要我對商鞅這個人的結局發表評論，我會說：「你活該，為你自己加諸在他人身上的所作所為負責吧！」

影響戰國中期局勢的濟西之戰：成功不容易，毀滅很簡單！

在教科書的描述中，戰國時代最大的記憶點，就是有齊、楚、秦、燕、韓、趙、魏的「戰國七雄」，以及秦國在商鞅變法後逐漸崛起，最終各國被秦始皇吞滅。

但課本沒有提到，除了七雄，戰國時代還有不少國家依舊在變動中存有一席之地。例如：春秋時代的老牌諸侯國衛國，雖然在戰國時代就是個被霸凌的角色，但按史記的紀錄，它竟然奇蹟似地存活到秦二世的年代才被秦朝正式消滅，光論存在時間，可是比其他戰國六雄都持久。

課本也沒提到，當率先稱霸的魏國沒落，秦國因商鞅變法崛起時，還有一個國家也處於上升期，與秦國形成東西兩強並立的爭霸局面，那就是在馬陵之戰勝出的齊國。

事實上，齊國擁有漁鹽之利，是各國中經濟實力最強的國家。而論軍事實力，由於有鬼謀智者孫臏的訓練，齊軍成為深諳兵家之道的百戰精銳，甚至連作戰強悍的秦軍都是其手下敗將。

可最終齊國不是七雄的勝利者，而僅僅只是戰國歷史中的配角、秦國霸業中的註腳。究竟齊國為何在滿手好牌的狀況下盛極而衰？這是戰國時代的關鍵時刻，同時也對我們後人有著極大的啟示。

詭異的亂局

事情還要從齊威王的繼承者齊宣王說起，在他任內，鄰近的燕國發生一件極其詭異的內亂。

當時燕國君主——燕王噲，很信任一個叫「子之」的官員，並提拔他成為相國，這個一人之下的崇高職位。

有一天燕王派縱橫家蘇代出使齊國，等到蘇代返國述職時，他問：「齊王是什麼貨色呀？」蘇代回答：「必然無法成為一個霸主。」燕王噲問：「你怎麼知道？」蘇代說：「回想齊國以前的霸主——齊桓公，將國內的事全部交給鮑叔牙，對外事務則全部交給管仲，自己則全然信任並完全放手——(地跑去玩女人)——。現在的齊王，可就沒這肚量啦！」

燕王噲一聽蘇代的分析就覺得：「有道理ㄟ！那寡人要成為霸主，不就要好好信任人才嗎？」於是他決定：「以後所有政務都交給子之處理，一切都他說了算！」

燕王噲沒注意到，蘇代有個哥哥，那就是超有名的縱橫家蘇秦，而蘇秦跟子之結成親家，連帶使蘇代與子之搭上關係。所以蘇代會有以上說詞，為的就是為子之這個親戚助攻，使自己也可以撈到好處（事實上，後來子之獲得燕王噲下放的更多權力後，就贈送蘇代許多精金做為謝禮）。

後來子之吃定了燕王噲的腦波極弱，所以又串通另一位大臣提出：

「大王不如把國家讓給子之。回想昔日傳說中的聖君堯，曾把天下讓給許由，可許由沒有接受，於是堯既沒有失去天下，還贏得美名。現在您也把國家讓給子之，子之一定不敢接受，您不就和堯一樣贏得美名嗎？」

燕王噲：「有道理ㄟ！就這麼辦！」（看到這，我都不知道要對燕王噲說可憐還是可悲了。）

於是燕王把子之找來，說要把王位禪讓給他，子之惶恐地說：「大王這樣做真是折煞小人……」燕王噲得意地想著子之等會兒拒絕，自己可要表現出心有不甘的表情，接下來就能獲得聖君的美名，結果他聽到子之繼續說：「可大王美意我若是拒絕，那就更不好了，所以我接受王位。」

咦？怎麼跟劇本不一樣？但話已出口，燕王也只能交出權力，子之就靠著群體忽悠成了一國之君；可想而知，有一人相當火大，那就是本該等著繼承王位的太子。

「我燕國王位竟被子之這小人竊取？我一定要奪回王位！」

於是太子對內爭取同感不滿的宗室大臣以及軍隊將領的支持，另一方面則向齊國提出奧援。

話說齊燕兩國淵源頗深，除了是國上接壤的鄰居，他們還同屬於在周朝立國之初就建立的老牌諸侯國，而且在東周的春秋時代，燕國曾被北方草原民族打到滅國，後來就是靠著中原霸主——齊桓公出手相救，這才驅逐外患重新復國。

當時的燕國國君對於齊桓公的救國大恩可是感激涕零，以至於在送齊桓公返國時，依依不捨地送到齊國境內，結果齊桓公表示：「唉呀，除非是送周天子，不然諸侯國君彼此相送，最多只能送到自己國家的邊境。為了避免破壞規矩……這樣吧，剛剛你經過的齊國土地全部送給你，以後歸燕國所有！」

燕國國君簡直不能崇拜齊桓公更多，不僅協助攘夷，又尊王守護規矩，還大方相贈領土。何止是強者？簡直就是王者！這次兩國間的互動成為一時美談，也代表著，那是一個還講規矩並彼此尊重的美好年代。

可到了戰國，所有的規矩一律都是用來打破的。

就好比戰國時代的齊國與春秋時代的齊國根本完全不一樣，春秋時代的齊國君主姓姜，是周朝著名開國功臣姜子牙的後代；戰國時代的齊國君主則姓田，他們的祖先本來是逃難到春秋時代的齊國，後來因受到賞識而成為朝中大臣，誰知隨著時代的發展，逃難者後代反而併吞接納者的國家產業。

所以在戰國時代，齊燕兩國已經沒有以往的邦交友誼，不時還爆發衝突。即便如此，若能獲得齊國這威震關東並且近在咫尺的強權支持，才有機會推翻已成為一國之君的子之，這也是為何燕太子會向齊國告急。

收到燕太子求援的齊宣王，很快表示：「太子放心去幹，我挺你！」這個承諾讓燕太子信心大增，於是立刻舉兵攻打子之。雙方軍隊激鬥數月，造成數萬燕國子民傷亡。眼看燕國已經內耗嚴重，齊宣王這才命令名將匡章領軍打著救援名義進軍燕國，之後迅速攻破燕國首都，擄獲了燕王噲及子之。

接獲前線捷報的齊宣王，立馬下令：

「把子之跟燕王噲都剁成肉醬處死，另外收繳燕國王室的寶物送回國內，大軍則繼續占領其他燕國土地。」

「大王不可呀！」

有一人跳出來勸阻齊宣王的決定，此人正是中國歷史上鼎鼎大名，但其實很多人都說不上來他到底做了啥事的儒家代表——孟子。

孟子說：「大王當初打著救燕的旗號，使燕國民眾無不主動歡迎，以表達對大王義舉的感激之情。現在您卻要處死燕王，還要掠奪燕國，那如何對燕國人民交代？而且齊軍占領燕國領土，已經使各國畏懼齊國的強盛，大王卻只想著擴增土地而不行仁政，這勢必惹動各國出兵干預。所以請大王先安撫燕國百姓，並幫他們安置好新國君後，就將齊軍撤回國內。這樣還勉強可以安撫燕國軍民並避免危機呀！」

齊宣王沒有接納孟子的建言，隨著王命的發布，齊軍開始在燕國大肆燒殺搶掠，事情發展也的確如孟子所料，在燕國百姓的反抗及各國介入下，齊軍只能撤退，不但把已到手的收穫全給丟了，還將燕國徹底得罪。

（以上經歷，也可以看出孟子並非是個空有理想的囉嗦老頭，他與孔子一樣，能洞悉當前政治情勢的發展。事實上，一個人如果只有情懷，只會被別人當成喇叭嘴。孔孟兩人能夠周遊列國並不時獲得高規格接待，是因為他們能認清現實，並在崇高的理想下運用實務能力去贏得一席之地。可惜的是，後世不少儒生頑固死守前人的言行，卻沒學到聖賢們對應當前環境的彈性及應變，只怕會讓孔孟兩位夫子搖頭嘆氣了。）

時間來到宣王的繼承者齊湣王繼位，這位老兄比他的前任都還要有企圖心，所以在他任內最喜歡做的事情，就是爆打其他國家。比如：在位第七年，痛扁了魏國；在位第二十三年，痛扁了楚國；在位第二十六年，痛扁了秦國；在位第二十九年，與趙國聯合滅亡中山國……這一系列的行為使齊國擴地千里，強大的表象更讓齊湣王威風得不可一世，也徹底忽略那來自前代的仇恨。

啟動復仇

燕王噲死後，換燕昭王接班，並處心積慮地要報復昔日國破家亡的血海深仇。於是他一方面向齊國表達臣服之意去放鬆齊國的警戒，另一方面則積極招募人才累積實力，日後扮演關鍵角色的名將樂毅就是在此背景下，成為燕國的一分子。

對於昭王的復仇心願，樂毅分析：「燕國實力遠不如齊國，所以必須聯合其他諸侯國並孤立齊國，而讓齊國孤立的最好方法，莫過於慫恿齊國滅宋。」

宋國位處今日的河南，是當時的交通要道，誰占領了這塊土地，就能以此為跳板向各國進軍，因此成為每個強權眼中的必爭之地。積極擴張的齊湣王自然眼紅宋國之地，何況這當中又有人推波助瀾，於是湣王三十八年，齊軍迅速滅亡宋國，而這一個舉動正式敲響齊國的喪鐘。

眼看戰略要地被奪，各國對齊國的擴張終於仇恨值爆表，燕國趁機進行大量遊說的工作，終於在湣王四十年，燕將樂毅得以統率燕、秦、韓、趙、魏五國聯軍攻齊。

濟西之戰鉅變

齊湣王完全沒料到，自己一向輕視的弱國竟能掀起如此猛烈的反撲。此時齊國主力軍還在南方的宋國占領區，面對從北方進攻的聯軍，湣王只能緊急召集國內還能迎戰的士卒及百姓，並匆忙任命田觸為將，領軍前往濟水以西迎敵。

臨危受命的田觸，眼看聯軍強大而己方卻是倉卒成軍，所以計畫盡可能維持對峙的局面。這個想法其實非常有道理，因為時間拖得越長，還在南方的齊軍主力就越有機會回防，同時也可以先消去遠道而來的聯軍銳氣。可是齊湣王卻想速戰速決，以至於他派人告訴田觸：「你這怯戰的懦夫！你再不率軍迎戰，我必殺你族人還挖掘你家族祖墳！」

田觸聽到湣王的威脅，徹底火了：「你這昏君！不明形勢又刻薄寡恩！」於是田觸聽令出戰，但在齊軍剛與聯軍交戰的那一瞬間，他卻突然敲響代表撤退的信號，接著就駕著戰車自個兒落跑了！本就只是臨時編成的齊軍先因號令而錯亂，之後又找不到人主持大局，何況他們面對的聯軍主帥還是超級名將樂毅，所以結局就是……齊軍潰敗！

濟西之戰後，出兵距離最遠的秦、韓兩軍很快決定班師回國，魏軍決定攻取以前的宋國土地，趙軍則前往北方要取得先前與齊國競爭的河間之地。於是樂毅自率燕軍深入齊國，準備攻占齊都臨淄。

就在聯軍因分散而出現稍有延遲的空檔，有位叫田達的齊國將領，努力收攏殘軍並派人請示齊湣王準備繼續抵抗：「現在形勢極糟，還望大王給予部隊賞金激勵士氣。」

結果齊湣王暴怒地回覆：「你們這些打敗仗的渾蛋還敢跟我要錢？門都沒有！」

聽到齊湣王的回覆，田達絕望了，但他決定善盡自己的職責。所以當追擊的燕軍向著齊國殘軍進攻時，田達對著早已失控的部隊下令：「迎戰！」

此戰齊軍無懸念地大敗，齊湣王逃離首都，燕軍攻破齊都臨淄後，將齊國王室收藏的所有財寶都送回燕國，燕昭王看到勝利的戰報以及眼前齊王室的珍寶，他不禁跑到燕國的宗廟中叩首大喊：「祖宗們！國仇報矣！」

歷史重演

齊國的厄運並沒有結束，在攻克齊國首都後，樂毅宣布凡被燕軍占領的區域，都將廢除齊湣王時期的殘暴法令和苛捐雜稅，並保證燕軍必嚴守紀律，不會擄掠齊國百姓。這一招攻心計正中要害，眾多齊國百姓對於齊湣王只顧擴張卻忽略民生的施政方針早已不滿多時，因此當樂毅的告示一出，齊國人民不但沒有抵抗，還巴不得樂毅的燕軍趕緊來解放自己。於是燕軍迅速攻取齊國七十餘城，昔日的東方霸主，如今只剩下莒和即墨兩城未被攻克。

當樂毅在北方橫掃之際，南方的楚國打著「救齊」名號，派淖齒率軍進入齊國。正在逃亡的齊湣王對此大喜過望，於是封淖齒為國相，希望藉楚軍的力量去抵抗燕軍。這時老ㄕ敢肯定，齊湣王一定沒好好學歷史，因為……難道他不知道他老爸曾經打著救燕的名義結果是去搞偷襲嗎？

淖齒果然不懷好意，在確定此時的湣王已經無絲毫抵抗之力，他縛綁了湣王，並氣勢凌人地質問：「齊國境內，曾經天降血雨，此事大王可知？」

湣王說：「不知。」

淖齒再問：「齊國境內，曾經大地裂開還湧出泉水，此事大王可知？」

湣王說：「不知。」

淖齒又問：「曾經有人聽到齊國宮門前傳出啼哭聲，去尋找時卻不見有人，但走開後又會聽見聲音，此事大王可知？」

湣王還是說：「不知。」

淖齒聲色俱厲地譴責：「天下血雨，這是老天示警；地裂出泉，這是大地示警；望宮門而泣，這是人事示警。天、地、人都發生警示，而你卻不加警惕，又怎能不受到天譴呢？」之後湣王被殺，楚軍則取回以前被齊國占去的淮北地區。

湣王死後的一年，齊國臣民趁隙殺死淖齒，並擁立齊湣王之子為王，史稱齊襄王，並死守莒城抵抗燕軍。除此之外，即墨城的軍民在守將戰死後，共推齊國宗室田單為將。而臨危受命的田單，之後將完成戰國史上最成功的復國行動，但那曾經睥睨諸國的霸權，依舊一去不復返矣……

古人給現代的啟示

何以稱霸三代的齊國會瞬間衰落？

相信大家都明白關鍵所在，也就是樂毅破齊的基礎：齊國犯眾怒。所以你知道、我知道、樂毅知道，那不知道的齊湣王就是犯蠢，然後就可以結案了。

但真就這麼簡單嗎？

其實在戰國時代，各國時而結盟時而背叛已是常態，多方臨敵的形勢下，多方經營已是不可避免的趨勢。以此來看，齊湣王在與各國大部分作戰中都能占據上風，其實能力不差呀！（當然，齊湣王在濟西之戰時期的大部分表現都錯得很離譜，或許我們可以解釋齊湣王當時因前所未有的壓力而喪失判斷力。）

然後大家有沒有發現……我們其實跟齊湣王的處境是差不多的。

現代社會其實變動的速度遠超過以往，小至個人、大至團體，都面臨到「到處有機會、各處有壓力」的處境，這或許也是為何「斜槓」一詞近年來非常熱門的原因：我們面臨要在不同面向同時發展的趨勢。

然後我們往往看到有些公司經營副業，結果卻慘賠到連本業都保不住；或是有些人的斜槓人生讓自己筋疲力竭，與理想相去甚遠。但有時候我們不能用一句簡單的「好高騖遠」或「心有旁騖」做結論，因為有時候我們的人生就是會遇到多面夾擊的狀況，正如戰國的齊湣王，他不可能要求各個國家按次序和自己單挑。

那該如何是好呢？其實與齊湣王同一時代的西方霸主秦國，用它的成功為我們找出其中一種解答。

秦國最初的策略是見誰就打誰，雖然勝多敗少，可也沒能獲得關鍵性的戰果。直到秦昭王接受范雎「遠交近攻」的建言，也就是放棄與齊燕兩國交戰，並將焦點先放在鄰近的韓趙魏三國。之後的秦國就只會對特定國家重點攻擊，而用外交策略先穩住其他國家，避免同時應付多條戰線，等到原先重點攻擊的對象被徹底打殘，秦國才會轉換目標。（就好比秦國是先對韓魏兩國用兵，在這期間，則是引發齊楚之間的外交矛盾，使楚國這個強敵無暇他顧；等到秦國收拾完韓魏，就立刻轉攻楚國，而且這一打就直接把敵人首都給火燒了，讓楚國以後看到秦國就恐慌。）

還是簡單用一句話歸納秦國的成功原因，那就是：「找出要面對的主從順序。」

不過，下結論容易，真正做起來的困難，就只有當事人曉得個中滋味。而且，歷史從來不是成功的保證，因為我們都會因時空背景的不同而面對各自的處境。

那歷史可以帶給我們什麼？我覺得其中一個答案是：帶給我們更多換位思考的機會。我們可以開啟上帝視角，看到前人同一時間的各自反應；我們可以試著代入前人，去揣摩他們的心境，在替前人思考其他可能性時，或許也可以代換回現在的自己去尋找可能性。

說到底，過往的歷史之所以在當下產生價值及意義，是在我們與過去建立連結的那一刻。這種意義很個人，所以也別具價值。

匡章

成功靠努力，更要靠運氣！

歷史通常留給勝利者較為正面的描述，比如在戰國時代，身為最終勝利者的秦國似乎自商鞅變法後就一直維持進攻的態勢，打得關東六國毫無喘息的機會。

但在先前濟西之戰的描述中，老ㄕ有提到，身為東方霸主的齊國曾屢敗秦國，以至於秦國有段時間不敢出兵關東，齊國這段鼎盛時期，有賴於一位橫跨三朝的齊國名將。

匡章，《戰國策》中的齊國名將。他的一生征戰，不僅樹立齊國的霸權，也將為我們後人詮釋戰國列強間的複雜鬥爭。

初仕威王，桑丘之戰

匡章在史書中的初次登場，是在齊威王末年，那時秦國向魏韓兩國借道進攻齊國，齊威王命匡章領軍迎戰。

當兩國軍隊在桑丘相遇搶占陣地時，雙方軍營出現犬牙交錯的情況；換言之，雙方彼此都有據點特別突出以至於離對方陣勢特別近，甚至陷入包夾之中。這時匡章實施一波極為詭譎的操作，那就是趁開戰之前雙方會派使者團進行交涉時，讓部分齊軍變更旗號混雜到秦軍之間，其目的就是在兩軍對戰時，讓潛伏的齊軍攪亂秦軍的布陣。

於是匡章麾下的齊軍日漸減少，這不只迷惑了秦軍，連來到前線視察的齊國官員都不明白匡章的調度，他們連忙向齊威王報告：「匡章放任士卒逃亡，他根本無心領軍，只怕要帶兵降秦呀！」

眼看每一位視察官員都告發匡章，收到報告的齊威王倒是滿不在乎地已讀不回，這讓朝中大臣心急如焚地建議：「這麼多人都說匡章背叛，看來一定是真的，大王還不趕快發兵攻擊他？」

然後威王表示：「安啦，匡章絕對沒有背叛，相信我吧！」

威王的回覆讓大臣著急到抓狂：「我們大王是不是腦袋有問題呀？如此滿不在乎，只怕我齊國子弟要慘敗於秦人之手了。」

過一段時間，前線戰報傳到齊王廷：「捷報！匡章將軍向秦軍發起進攻，日前相傳逃亡的士兵，其實是潛入秦軍之中，並在關鍵時刻發起襲擊，秦軍在內外夾攻下潰敗回國！」

這個消息對朝中大臣簡直是雙重震撼，一是看起來怯懦的匡章用兵竟如此高超，二是看起來狀況外的威王竟然洞悉真相，大臣們彼此相賀的同時，也忍不住詢問威王：「大王何以認定匡將軍不會謀反？」

這時威王說：

「你們不知道，匡章的父母曾因失和，結果他的父親把老婆殺了，並埋於馬棧下。後來匡章父親死了，我曾告訴匡章：『若是打了勝仗，就為你母親改葬。』匡章拒絕了，他告訴我：『父親生前並沒有吩咐我可以為母親改葬，所以即便有大王的好意，我也不能擅自做主。』匡章為人子，尚不欺死父；為人臣，又豈會欺生君哉？」

好吧！我說真的，即便威王有所解釋，我依然不懂這其中的關聯。我只能先提醒大家：每個時代的價值信念都有所不同。

比如：以前男尊女卑，關鍵在於生產方式下，是因為體力較好的男性承擔較多經濟壓力；時間來到現代，生產方式有所改變，體力不再是賺錢最重要的考量條件，男尊女卑也就站不住腳。

很多人會覺得讀歷史的其中一個好處，是可以將前人的判斷當作自己的依據或經驗。我不能說這是錯的，但這概念卻非常危險，因為每個人的處境幾乎是不同的，更何況是時間相隔甚久的前人？因此對於前人的考量或決策，我認為一定要先放大眼界去了解當時人事物的條件，如此較不容易與現實脫節。

所以對於威王，我會以結果論來解讀：「他能洞悉細節並正確解讀，以此達到知人善任的管理。」

奉宣王令，伐燕破楚

威王在桑丘之戰後數年內過世，其子接班，後世稱為齊宣王。在齊宣王六年，燕國爆發內亂，齊國乘機派匡章以救援的名義進軍燕國，由於燕國當時內耗嚴重，加上老百姓急迫地希望有人可以穩定局勢，結果匡章僅用五十天就攻占燕國首都。

本來匡章已經立下不世之功，可是被勝利沖昏頭的齊宣王竟下令齊軍開始在燕國大肆劫掠，這激起燕國百姓反抗，而其他國家也因畏懼齊國吞併燕國實力會過於強大，所以組成聯合軍對抗齊國。

為了確保戰果，匡章連忙聚集軍隊與聯軍對抗，沒想到當聯軍發動攻勢時，本來屬於齊軍盟友的宋國軍隊竟臨陣脫逃，導致齊軍陣型露出破綻，聯軍因此大敗齊軍，齊國副將戰死，身為主將的匡章落荒而逃，之後只能集結殘軍撤回國內。這場戰役被後世稱為「濮上之戰」，也成為匡章履歷上的汙點，同時也讓列國爭霸的形勢變得更為複雜。

當時一級強國有三，分別是：自商鞅變法後富國強兵的秦國、擁有漁鹽之利而經濟實力強大的齊國、土地最廣人多勢眾的楚國。

這三國之間，時而兩兩結盟，時而又背盟跳槽，而齊宣王時期本來與楚懷王結盟，但後來在秦國相邦身兼超級嘴砲的縱橫家張儀的忽悠下，楚懷王決定背棄齊楚同盟，這讓齊宣王火冒三丈，於是命令匡章統御韓、魏、齊三國聯軍進攻楚國的方城。

當時齊楚雙方隔著沘水駐紮並僵持六個多月，因為雙方主將都很清楚，如果貿然主動進攻，那防守方很容易實施「半渡而擊」的戰術，也就是趁敵方一部分上岸，但其餘部隊還在渡河以至於首尾不接陣型混亂之際，防守方突然搶攻，到時進攻方不僅會死傷慘重甚至是徒勞無功。

（事實上，無論是古代或是現代，涉水而過的進攻方都要承受極高的風險或是傷亡。

中國古代較為有名的半渡而擊戰例，是楚漢相爭時，當時項羽的部將龍且渡河向韓信發起進攻，結果被韓信使用水攻將渡河部隊沖得七零八落，最終龍且部隊全軍覆沒。

到了現代，涉水而過的「搶灘」慘烈戰例比比皆是，例如二戰中的諾曼地登陸，當時有四萬多美軍搶攻奧瑪哈海灘，結果遭到八千多名的德軍反抗，在擁有海陸絕對優勢下，美軍曾被打到進退不得，最終損失三千多人才攻下陣地，由此可見涉水搶攻的難度。）

雖然雙方無戰事，但作戰經驗豐富的匡章自然不會消極以待，而是一直在尋找楚軍布陣的破綻，準備往敵軍虛弱處搶攻。但在國內大後方的齊宣王卻非常不耐煩，他派使者催促匡章趕快渡河作戰，結果匡章直接向使者懟說：「大王你可以把我撤職、把我殺了，甚至滅我全家，但你不能在戰機不成熟時要求出戰，戰機成熟時要求不戰！」

你知道對於專業人士來說，什麼事情最容易讓他們爆氣嗎？那就是「外行領導內行」。由此可見，宣王的器量不及其父威王呀！

雖然匡章對齊宣王撂下狠話，不過他也清楚：「王上對我有懷疑了，若是再打不出戰果，對我乃至對全軍的情勢發展都堪憂呀！」

於是匡章派人偵察尋找容易渡河之處，問題是：泚水視野開闊，守備的楚軍也不是瞎子，當然會想盡辦法阻攔。於是負責偵察的士兵，往往快到合適的觀察點時，立馬遭到楚軍放箭攻擊而慌亂撤退，使匡章完全蒐集不到有用的情報。

就在匡章一籌莫展之際，一位當地人這麼說：「你們這些士兵怎麼那麼死腦筋？想要知道哪邊容易渡河太容易了。凡是楚軍重兵防守的地方，一定是容易渡河的水淺之處；反之，楚軍兵少的地方，那就是水深難渡之地，就不明白你們幹嘛傻呼呼地渡河觀察被人射？」此話傳到匡章耳朵，他不由得大喜過望：「有道理，還是鄉親們看透徹，這下敵可破矣！」

夜幕降臨，楚軍主將唐眛準備和衣而眠，大部分將士也仗著泚水的天然防禦而放鬆戒備，畢竟最近齊國的偵察兵看來一無所得，而自己也需要適當地放鬆才能面對不知何時結束的戰爭嘛……

殺！！！！！！

伴隨殺聲，齊軍從水淺之處趁夜渡河突襲，並瞬間攻破大營。楚軍被打得大敗而逃。這場敗仗對楚國影響極深，因為除了主將以及兩萬多士卒戰死，甚至有楚軍將領直接領導敗軍掀起叛亂並一度攻下楚國首都，楚國因此陷入一段分崩離析的亂局，自此國力大衰。

（順帶一提，為後世締造端午節的屈原，就曾經勸告楚懷王千萬別背棄齊楚盟約，但懷王依舊選擇背棄盟約，好獲得張儀口頭許諾的六百里土地。結果楚國被齊國打得國家動盪，而張儀還很不厚道地事後毀約，這讓懷王怒而攻秦，結果又被秦國殺得損兵折將，只能割地求和。

也難怪屈原後來負能量大爆發，回想懷王的前任楚威王，曾建立「地方五千餘里、帶甲百萬、車千乘、騎萬匹、粟支十年」的一級強國威勢，如今卻因決策失誤而使楚國一蹶不振，他又怎能不痛心呢？）

揚威於湣王，函谷關之戰

雖然史書並未記錄匡章的年齡，但要嘛他長壽、要嘛他出生時間點非常巧妙，使他在齊宣王過世後，依舊能為繼任的齊湣王效力並活躍於一線戰場。也正是在湣王時期，匡章將迎來他在後世中留下最大意義的戰役。

話說湣王時期，著名的戰國四公子之一孟嘗君田文，回到母國擔任齊相。這位孟嘗君在歷史上最為著名的事蹟就是雞鳴狗盜，此事的緣由，是秦國原本延攬孟嘗君擔任秦相，誰知後來突然想翻臉不認人，孟嘗君在底下眾多門客使用跑酷（學狗潛入秦宮府庫偷東西）、口技（學雞叫騙守關人員以為天亮而放行），這才逃離險境。所以等到孟嘗君擔任齊相，他決定把當年在秦國受到的一肚子火加倍奉還。

（順帶一提，北宋王安石曾經 diss 過孟嘗君，認為他不是一個真正懂得用人的領導，原因在於：他只能用雞鳴狗盜之人幫自己逃走，而真正會用人的，應該會啟用英才及良將打爆秦國才對。

如今看來……王安石歷史沒學好呀！孟嘗君在逃離秦國後是有執行軍事行動的。事實上，這也是我自己讀歷史有時候會陷入的誤區，就是對人事物只存在深刻卻片段的印象，而沒有拉長遠去看完整的脈絡，那就難免要鬧笑話了。）

在孟嘗君的主導下，齊、魏、韓三國聯合攻秦，而聯軍的統帥正是匡章。此戰的過程不詳，但聯軍最終攻破秦國的函谷關，秦國只能求和並歸還魏、韓兩國一些土地。

為何會說此戰是匡章一生中意義最為重大的戰役？這裡就要先提一下函谷關，這是秦國最重要的門戶，一旦攻破此處，接下來就是一馬平川的關中平原，秦軍將再無任何險要地勢可做防守。不過做為最後門戶，函谷關超級難打，甚至曾經有五國聯軍強攻，最後還是慘敗收場的例子，以至於後世不少人認為秦國之所以能統一天下，與函谷關的強悍防禦有極大關聯。而匡章正是整個戰國時代中唯一攻破函谷關的將領；換言之，他是最有可能KO秦國的人。

但匡章的歷史意義，也僅止於此了。

老ㄕ一己之見

函谷關戰役後，史書再無匡章的紀錄，所以匡章應該在樂毅伐齊之前就過世了。

其實對於匡章，我實在很難做總結。從他的輝煌戰績來看，他是位強將，但不像其他戰國名將有留下決定性影響的代表作（比如：商鞅變法、吳起著兵書、孫臏圍魏救趙）；另外他的職場生活幾乎處於順遂狀態，所以也沒有曲折離奇的經歷或是人格魅力可作文章。

除了透過匡章的戰歷突顯齊國曾稱霸一時以及戰國時代的歷史，到底寫匡章還有什麼意義呢？想來想去，我的總結是：匡章是個幸運的人。

古往今來有多少人不得其時或不得其主？在重重限制下，最終無法展現自己。匡章的幸運在於人生中遇到知人善任的齊威王，或是廣納人才的孟嘗君，並且身處大國崛起的齊國，使他能運用雄厚的資源去支持自身不俗的實力，最終成就一番事業。而且在歷史長河中，他還能留下紀錄被後人討論，所以匡章真不是普通的幸運呀！

當然，幸運是難以複製的，可若自身沒有真本事，即便良機來臨也難以掌握。不只是匡章，戰國時代有太多人都在等候崛起的契機，正如下一章的主角樂毅，他將在生涯發展中主動改變環境為自己創造機會，最終成為一舉翻轉齊燕強弱之勢的全能型名將。

樂毅

各個領域都開外掛的全方位人才

楔子

「喔喔喔～～～」

「阿亮你又來了！沒事幹嘛突然亂叫呀！」

被朋友唸叨的少年，只是笑笑地看著眼前的朋友，然後牛頭不對馬嘴地說：「大家有想過自己以後要成為什麼樣的人嗎？」

「又來了……」

除了少數幾位，大部分少年都覺得阿亮平時就愛故作神秘，實在有點莫名呀。

「阿亮你自己要不要先說說？」

一位龐姓少年趕緊發言，一方面是打圓場，另一方面是讓自己的朋友有臺階下。

阿亮仰起頭，慢悠悠地說：

「我要成為像管仲，或是樂毅那樣的人。」

名將之後

在以前的歷史教科書（現在被刪減了），常提到戰國七雄，感覺戰國就是七國鼎立，但實際上，七雄之間也有不小的實力差距。

七雄各自的實力消長隨時間有所不同，不過有兩個國家倒是穩居後段班的位置。這其中的吊車尾當屬韓國，這只能怪它先天不良，原先土地就小，還身處容易被圍毆的中央之地。而排名倒數第二的，應該就是燕國。

燕國其實是超老牌國家，甚至是周天子的親戚。但在春秋時代，就曾經有過被異族打爆而需要向齊桓公求救的紀錄，到了戰國時代，燕國還差點被齊國吞併。但如此弱國，也曾有一度稱霸東方，這多虧一位強大的名將樂毅，為燕國締造了為數不多的輝煌。

樂毅，魏國名將樂羊後代。

古人寫歷史通常追求言簡意賅，因此能留在史冊的紀錄往往具有特別之處，司馬遷特地說「樂羊」是「樂毅」的先祖，所以這裡我想先特別聊一下樂羊的經歷。

樂羊是中山國人，後來轉投至魏國擔任將領。中山國後來率兵攻打魏國，樂羊則領軍對抗，這激怒了中山國君主，於是他把樂羊留在國內的兒子烹殺掉，並煮成肉羹送給樂羊示威。

同一時間，樂羊因為出身，遭到魏國朝臣們的猜疑指責，於是樂羊把兒子的肉羹一口氣吞下肚，表示自己對魏國的忠誠；隨後樂羊大敗中山國，並與名將吳起搭檔反攻，直接把中山國給滅了。

事後，魏文侯對底下大臣說：「看看樂羊對我多忠心？為了我，連自己兒子被殺都不在乎，甚至肯吃自己兒子的肉。」結果大臣卻一句話反堵回去：「是呀，這人連兒子都肯吃，他還有誰不能吃？」

這段對話後，魏文侯開始猜忌樂羊，而樂羊自己也不爭氣，仗著立下大功就開始態度囂張；所以魏文侯雖然仍論功行賞，但也從此對樂羊冷處理，使樂羊一生再也沒有獲得發展的機會。

希望大家記住樂羊的故事，因為他對樂毅的一生經歷有重大影響；其一，就是樂羊在家族裡傳承他對於戰爭的經驗，這使樂毅自小就喜好研究兵法，為他後來的事業打好基礎；其二……先賣個關子，之後再提。

投奔燕國

樂毅早年的職涯並不順遂，他首先在趙國任官，結果趙國卻爆發政變，導致樂毅出走避難到魏國。可是到了魏國，樂毅卻又不被重視（《史記》的樂毅列傳中，首先描寫「趙人舉之」，表示趙國頗為器重樂毅，但對

樂毅。

樂毅的魏國時期卻是隻字未提，可見樂毅在魏國的冷板凳坐得有多穩固），導致他無法證明自己的價值。

幸好，當時燕國君主燕昭王，由於怨恨齊國曾經趁亂入侵，正砸重本大舉招募人才準備復仇。其撒幣程度，甚至直接為一位叫郭隗的大臣專門蓋一座宮殿居住，如此大動作，讓燕王招賢的名聲傳遍各國。樂毅聽到燕國有發展機會，連忙想辦法成為出使燕國的魏國使者，如此不但讓自己在燕王面前有好的能見度，而且也能當面測試燕王是否真的是可以為之效力的明君。事實證明，燕昭王與樂毅可謂一拍即合，於是樂毅開始在燕國擔任高級顧問。

破齊方略

時間來到齊湣王主政時期，他四面出擊的行為得罪所有國家，這個矛盾在齊王吞滅戰略要衝的宋國後，終於來到爆發臨界點。同時，長年的征戰使齊國百姓負擔沉重，非但人多有怨言，在經濟上齊國也呈現強弩之末的疲軟狀態。

樂毅此時建議：

「燕國弱小，而且齊國在稱霸崛起中，軍隊是精於用兵、熟習攻守。所以大王若想攻打齊國，就一定要聯合天下諸侯共同對付。

此時齊國占有淮北和宋國故地，這是楚國和魏國也想獲得的土地，所以楚魏兩國一定願意加入伐齊行列，自己再去聯繫趙國，屆時就能集結四國聯合攻齊，如此就一定能大敗齊國！」

事實證明，齊國的顧人怨程度遠超樂毅想像，最終他成功集結趙、秦、韓、魏、燕的五國聯軍伐齊（楚國則是名義上說要援助齊國，但實際上卻準備趁虛而入）。當時燕昭王拜樂毅為上將軍，趙王加封樂毅為相國，樂毅於是成為聯軍統帥並在濟西之戰大破齊軍主力。之後，樂毅獨率燕軍追逐敗逃的齊軍，並攻陷齊都臨淄，將齊國財物祭器全部擄掠回燕國，完成燕昭王的復仇野望。燕昭王在欣喜之餘，封賞樂毅為昌國君。

觀看樂毅的伐齊方略，他固然展現能統御大軍的優秀指揮能力，但我覺得他真正厲害的，還是準確的戰略分析眼光，以及能夠勸說各國合作的超強談判能力。也就是說，樂毅不單純是戰場上的將軍，他更是一位優秀的政治家，所以能盡可能地調動資源，在未開戰前就先獲得巨大的戰略優勢。

對話的智慧

攻下齊國首都並不是樂毅行動的結束，他請求燕王讓他留在齊國繼續作戰，於是樂毅留在齊地五年，接連攻下齊國七十餘城。昔日東方霸主的齊國僅剩莒和即墨兩座城市仍在堅守，眼看就要被徹底亡國，而燕國即將掌握擁有魚鹽之利且土地豐饒的齊國之地，成為另一個東方霸主。

可惜，還沒等到齊國完全淪陷，燕昭王就過世，換燕惠王繼位。而這個惠王在王子時期就常與樂毅起衝突，其矛盾程度連齊國人都知道得一清二楚，所以齊國大肆宣揚假消息：「樂毅之所以遲遲不攻下剩下的兩座城池，是因為他跟燕國新王有嫌隙，所以這才擁兵自重，意圖自己在齊地建立獨立王國呀！」

燕惠王本來就看不順眼樂毅，又聽到風聲，於是任命其他將領去取代樂毅的統帥地位。而接到這圖謀不軌的人事命令，樂毅立刻逃往聯軍中給予他最高待遇並且早有淵源的趙國，趙國也立刻賜與樂毅封地，厚待這位曾經統御五國聯軍的名將。

後來，齊將田單領導齊軍上演戰國史上最傳奇的絕地大反攻，燕軍最終被打爆並丟失所有齊國占領區。這下讓當初僅憑個人好惡而強硬換將的燕惠王後悔莫及。但事實證明：這人性格依舊有毛病！因為他認為燕軍敗北的原因之一，是樂毅轉投趙國。按照燕惠王的邏輯，他是這麼思考的：「如果樂毅還在燕國，就有機會阻止齊國反撲，結果樂毅不在，導致我無法更換將領阻止頹勢，所以樂毅不用為此負責嗎？」

懷著超級自我中心的神邏輯，加上害怕樂毅挾怨報復去鼓動趙國進攻剛逢大敗的燕國，燕惠王派人向樂毅傳遞訊息：

「先王把整個燕國託付給將軍，而將軍不負重託地擊敗齊國替先王報仇，我怎敢忘記將軍的功勞呢？後來先王不幸離開人世，我被其他人蒙蔽，這才臨陣換將。可我當初的意思，是覺得將軍長期在外奔波辛勞，於是請您回來休息並商議國家大事。然而，您卻誤解我，認為和我有隔閡，就丟下燕國歸附了趙國。您這樣要怎麼報答先王的知遇之恩呀？」

看看這封信，自己基本上沒錯，然後沒事就拿老爸的威望情緒勒索他人。敢問各位：如果是您，您會作何感想？又會有什麼樣的回覆呢？

樂毅的回覆是：

「我庸碌無能，不能遵行先王教誨去調和與朝中同事的關係，我怕若是遭殺身之禍，既損傷先王用人的英明，又使大王蒙受不義的名聲，所以才逃到趙國。大王如今派使者列舉我的罪過，我擔心大王不能明察先王任用我的理由，以及我事奉先王的心志，所以回信告訴您。

「我聽說賢惠聖明的君主，不把爵祿送給自己親近之人，而是賜給有功之人；官職也不隨便授給自己喜愛之人，而是給稱職之人。先王正是賢惠聖明的君主，所以吸引我為之效力。而先王也極為厚待我，並聽取我的建議，最終聯合各國破齊成功，滿足先王復仇的心願。我因沒有辜負使命，所以獲得先王封賞的土地，使我的地位能夠比得上小國的諸侯。

「我聽說，善於開創的不一定善於完成，有好的開端未必有好的結局。「就像昔日伍子胥投奔吳國並被吳王闔閭重用，所以最終吳國攻破楚國首都；但後繼的吳王夫差卻對伍子胥的意見不以為然，甚至最後賜死伍子胥。可嘆的是，吳王夫差不明白賢人的主張對吳國的重要性，而伍子胥也未能及早預見自己和君主的見識不同。

「免遭殺戮，保全功名，以此彰明先王的業績，這是我的上策。讓先王名聲被毀壞，則是我最害怕的事情。另外從道義上講，慫恿趙國去圖謀燕國，是我所不能做的。

「我聽說，古代的君子在交情斷絕時也不說對方的壞話；忠臣離開本國時，也不為自己的名節辯白。我雖不才，也曾多次接受有德之人的教誨，我擔心大王聽信左右的話，而不體察我這個被疏遠人的行為。所以才斗膽以書信作答，只請大王您三思。」

雖然讀文言文是頗為痛苦的事，但老ㄕ強烈建議大家可以去看樂毅答覆燕惠王的書信原文，因為我發現樂毅的用字遣詞不但流暢易懂，排比及類疊筆法更是使用得華麗又具有內涵。如果樂毅不是請人代筆，而是親自寫成，那這個人當真是文武雙全的強大通才。

但真正讓我震撼的，是樂毅的回覆方式。從表面上來看，樂毅的回覆極為恭謙有禮，不過這當中的立場卻非常強悍又有彈性。我用自己的理解為各位解讀一下信件內容。

首先，樂毅一開始先說自己是為了保全性命並顧及兩代燕王的面子，姿態擺得很低並釋出自己的善意。

接下來樂毅開始稱讚前任的燕昭王，我想樂毅是在告訴燕惠王：「你不是說我對不起你老爸嗎？看看你老爸是如何對我？又是多麼有能力？你這小渾蛋有繼承到你老爸的氣魄才能嗎？你好意思在我面前提你老爸？」

後來樂毅引用了伍子胥的故事，這表達的內涵可深了。其一，表達自己是像伍子胥一樣能強國興邦的人才；其二，表達伍子胥與自己的成功，都是有賴於君王的信任及支持（我猜寫到此處，樂毅應該非常懷念曾經合作無間的燕昭王）；其三，表達伍子胥跟自己都遇到理念不合的新王，只是我樂毅並非伍子胥，不會傻傻地為你這渾小子犧牲自己性命！

最後，樂毅直接說穿了燕惠王的來信重點，強調自己感念先王，所以絕對不會攻打燕國。但燕惠王的種種行為，樂毅是絕不想與之共事，不過「做人留一線，日後好相見」，自己已經很講情分，以後相敬如賓便是，可別把我逼急了，到時可就一拍兩散呀！

收到回信的燕惠王，後來把樂毅留在燕國的兒子樂間，封為昌國君。樂毅則在之後的日子，負責燕趙兩國的聯繫工作，因此在兩國都獲得頗高的地位，最後樂毅在趙國去世。

還記得我前面提到，樂毅的祖先——樂羊，給他的後代帶來兩個啟發嗎？我覺得扣除軍事學問，樂毅從祖先身上得出一個結論：凡事留有餘地。

誠然，自己的祖先在斷絕後路、不計代價後，獲得了成功，但代價卻是：家人慘死，自己也不被眾人接納。與此相對，樂毅雖然當機立斷，他總會在原先的單位中留有空間；所以燕國待不下去他還能去趙國，燕國雞掰地質問時，他以謙和又不失立場的態度答覆，卻表明裡子，又給對方面子，最終使留在燕國的家人也享受殊榮，自己也安然無事。

至於樂毅能夠留有餘地的關鍵，我個人認為其中一個關鍵，就是「利益共享」。所以面對曾臨時跳槽的老東家魏國，樂毅提出伐齊分地的建議，使他們完全不計較曾經的不辭而別；對於有宿怨的新任燕王，樂毅則提出燕趙聯合的外交戰略，使燕國面對西邊強鄰可以高枕無憂之際，緩和與燕惠王的私人關係。

樂毅的一生，雖然留下的細節描述並不多，但看他在外交上能遊走列國、捭闔縱橫，在軍事上能統合聯軍擊敗強權，在應對進退上能不卑不亢並能自保有餘，如此全方面的通才，樂毅當真是戰國史上絕對耀眼的存在！

餘緒

「對了，大家以後別叫我阿亮了！明天我就要受冠禮（古代成年禮），到時就有『字』了。」

「哼！難怪你今天特別跩。你有先知道自己的『字』了嗎？」

那個被稱作阿亮的少年故作輕鬆地看著友人，然後說：「你們以後，要叫我孔明了。」

田單

今晚，來個絕地大反攻！

在兩岸對峙的時代，金門做為國防最前線，處處充滿著戰爭氛圍。而在金門制高點的太武山上，有蔣介石總統巡視金門時所題下的「毋忘在莒」刻字，其用意是引用戰國時期幾近滅亡的齊國最終成功收復失土的典故，以此鼓舞國人反攻大陸的士氣。

但當我了解戰國歷史，我其實滿想吐槽這個典故引用得有些問題。因為的確齊國當時有莒和即墨兩座孤城苦苦支撐，而且莒城的領導人，正是齊國君主齊襄王；但真正逆轉的關鍵，其實是即墨城守將田單，所以如果真正要考據細節，或許當初應該寫的是「毋忘在即墨」或是「毋忘在墨」才對呀？

好的，吐槽非我本意，還是好好了解戰國時代最曲折離奇的復國戰役，以及這當中的關鍵人物田單的所作所為吧。

絕處逢生顯智勇

田單，齊國王族成員之一，他本來在首都臨淄的市場擔任官員，名聲及地位都不顯著。

當燕國名將樂毅領軍橫掃齊國之際，田單先是和族人搬遷到安平城，之後眼看燕國軍隊銳不可擋，於是田單一早就交代族人做好落跑的打算：「你們趕緊把車軸凸出輪子的地方鋸斷，並且用鐵皮包覆整個車輪。」

等到安平被燕軍攻陷，城內許多達官貴人乘車出逃，但他們的車軸太長，很容易跟其他馬車相互碰撞，沒一會兒工夫，就因車軸斷裂或是車輪破損而無法繼續前行。而田單的族人卻在混亂的車潮中順利疾馳，平安無事地逃進即墨城躲過追擊。

好不容易逃到即墨，田單馬上就收到噩耗：「即墨大夫先前領兵出戰，結果當場陣亡。」還沒等田單安頓好，又一個消息傳來：「田大人，城中軍民聽說您有先見之明，使自己跟族人得以逃出生天，大家覺得您可以信賴，

田單。

田單：今晚，來個絕地大反攻！

一致推舉您領導大夥抵抗燕軍。」

雖然田單擁有王族身分，但僅憑著「很會逃難」這點，就可以被推舉成領導，不難推測：即墨城此時已無人才，這才急病亂投醫地找上名不見經傳的外來戶。

幸好田單的才能非同一般，新官上任的他，先將妻妾編入到軍中進行輔助性工作，自己更是親自參與到防禦工事的勞動。看到領導這麼親民敢拚，全城軍民對田單好感度不斷提升，同時挫敗了燕軍的進攻。這讓領軍的樂毅感到即墨城並不好惹，為避免徒勞無功的損失，樂毅改採包圍策略，雙方就此陷入僵持。

逆轉的心理戰術一：離間

雖然田單在危局中開始站穩腳跟，但他很快發現……軍民們戰意非常低落。

畢竟齊國遭逢前所未有大敗，加上先前即墨大夫領軍出戰又被殺個落花流水，雖然田單接任指揮後組織多次成功的守城戰役，但在損兵折將、外無援兵的情勢下，充其量只是延緩即墨城淪陷的時間，而身處長期被包圍且沒有盼望的壓力下，城內軍民自然士氣越加低落。這使田單意識到：必須先讓軍民重拾獲勝的希望。

或許是齊國國運尚未衰竭，後來燕國君主過世，新繼任的燕惠王對樂毅充滿偏見，這就給予田單可乘之機，他立刻派人散布謠言：「樂毅之所以遲遲不攻下齊國剩下的兩座城池，根本是想擁兵自重並且自立為王。要是換其他真正肯打仗的燕國將領前來，即墨城只怕早被攻破了。」

結果新繼位的燕王還真聽信謠言，竟任命騎劫替換樂毅統帥的職位，樂毅則在接到命令後，就立刻出走他國，於是田單在逆轉路上的最強阻礙就此消失。

逆轉的心理戰術二：裝神弄鬼

之後，田單下令百姓在城內祭祀祖先（這其實是逼不得已，因為原先祭祖應該要去到城外的埋葬地，但此時即墨被燕軍包圍，所以只能在城內遙祭），估計是供品內容太豐盛，結果吸引一大堆飛鳥空降到城內啄食。

（話說我看到這段紀錄時，心裡頗為驚訝，因為在某些史料中，可是記錄即墨被圍城五年，然而現在城中百姓竟還有這麼多餘糧可以搞祭典，究竟即墨城原先的儲糧有多麼豐富呀？）

看到成群的飛鳥一陣又一陣地飛入即墨城中，之後又在城頭盤旋圍繞（估計是還沒吃到供品的鳥，捨不得離開），城外的燕軍覺得非常詭異，城內的軍民也覺得此景甚奇，此時田單突然靈機一動地宣布：「各位，此情此景是在表示……有天神要降臨即墨幫助齊軍了！」

覺得田單的發言很逗嗎？那麼接下來發生的事更逗。因為有一名小兵竟然主動找田單說：「我就是你說的天神。」

田單聽完小兵的話，他的反應是……真的把他當神在拜。甚至廣播全城上下說：「鄉親們看！神仙真的下凡了，我沒亂蓋吧！」說完就當眾對小兵膜拜，搞得全城百姓也跟著集體膜拜。

這下小兵頂不住了，找機會跟田單說：「不好意思，我騙你的，我其實根本不是神仙。」

田單說：「×的！我當然知道你不是神仙！但現在你必須陪我把這個謊說到底，少在那邊跟我雞雞歪歪！」

於是田單繼續隆重包裝小兵，除了定期在人前把他當師父膜拜，還不時搞些走訪行程，讓神化的小兵去安撫悲觀的百姓，如此的「神」操作，竟也讓城中士氣活絡起來。

不過田單很清楚，謊言只能振奮一時，他必須更強烈地振奮軍民敢戰的心態，以求趁勢打破僵局。歷經多次盤算，田單決定將心理戰術繼續升級，同時在心中默念：「同胞及先祖們，原諒我必須徹底利用你們……」

逆轉的心理戰術三：損人利己

對於在城外的燕軍來說，曠日持久的包圍也在消磨他們的作戰意志，陌生且充滿敵意的異鄉，使他們對於故土更加思念。與此相反的，是磨刀霍霍的燕軍主帥騎劫，他太期待透過一場大勝證明自己能力遠超樂毅，甚至成就「滅齊」的不世之功。

不知從何時開始，有股傳言在軍中逐漸流傳：「如果燕軍將俘虜的齊國士兵實施劓刑（也就是割掉鼻子），並擺出來示威；再開挖即墨城外的齊國墳墓，將齊國人祖先的遺體分屍，這樣即墨城內的軍民一定精神崩潰到無法再戰呀！」

聽聞傳言的騎劫決定迅速執行，於是即墨城外，先是出現眾多沒有鼻子的齊國俘虜，他們的臉上有著一看就令人作嘔甚至還有些血淋淋的深邃大洞；之後燕國人還在城頭下剖開即墨城居民的先人棺木，對一具具遺體挫骨揚灰。

「哥！我一定為你報仇！」一個認出城下親人面孔的小兵歇斯底里地捶胸頓足。

「子孫不孝呀！」看到城外墳墓區出現的濃煙，城內的平民痛哭流涕。聽到城內的齊國軍民哭得哀鴻遍野、震天價響，騎劫得意地想：「看來齊國人很快就不行了。」

同時，田單看著城內情緒崩潰的軍民，他正等待他們的反應。過一會兒，他聽到粗暴且急促的腳步聲，然後一群人衝過來向他下拜吼道：「請大人下令出戰！我等粉身碎骨也要向燕賊報仇！」

聽聞此言，田單冷靜地想：「大事成矣。」

火牛夜襲

過一段時間，騎劫見到來自城內的齊國使者，他卑微地說道：「即墨願降，此番前來，我等帶來千鎰精金奉上，願歸降之日燕軍可以放過城中軍

火牛

民，別劫掠我們。」

聽聞齊國使者發言，燕軍響起一陣陣歡呼，這難啃的堅城終於陷落，如此完全攻陷齊國並衣錦還鄉的日子應不遠矣。

同一時間，田單清空糧倉中所有剩餘的糧食為齊軍舉辦饗宴，宴席中，田單說道：「各位，這是我等在城內的最後一餐，因為今晚我決心與燕軍決一死戰！我欲徵召壯士出城作戰，請問諸位誰願擔當此任？」

話音剛落，所有人都站起來答道：「我願往！」

於是田單挑選五千精銳，並從城裡收集了一千多頭牛，讓人在牛角上綁好尖刀，牛身披上畫有蛟龍圖案的大紅綢絹，牛尾綁上漬滿油脂的蘆葦。然後就在深夜，田單命人把城牆鑿出幾十個洞穴，之後用火點燃牛尾並將牛從洞穴中趕出，五千精銳則緊隨其後向燕軍殺奔過去。

因為投降消息而完全放鬆警戒的燕軍，本來正睡著難得的安穩覺，結果卻被一陣詭異的怒吼聲吵醒，還沒等搞清楚狀況，只見眼前火光沖起，然後一群全身斑斕前所未見的怪物直接衝撞而至……有些人根本就是呆立當

場，然後就被怪物撞飛或是被尖刀戳入而死，大部分人下意識地拔腿狂奔；就在一陣驚魂後，當他們發現所謂的怪物是被化妝的牛隻時，衝鋒而至的齊軍精銳展開第二波更強力的奇襲，對著潰不成軍的燕軍就是一陣屠戮。此時留在城內的老弱婦孺敲擊銅器，為城外奮戰的齊軍將士助威，被打矇的燕軍以為有更大的攻勢要發動，嚇得更加抱頭鼠竄。那個自以為可以遠超樂毅的騎劫，連像樣的命令都未能發出就死於亂軍之中。等到天明，即墨城解圍，燕軍主力徹底被打殘，而那一晚發生的「火牛陣」則成為流傳後世的經典詭謀。

即墨城的勝利只是田單逆襲反攻的開

田單火牛陣破燕兵。

端，隨後，田單繼續向其他被占領的齊國城市進軍。此時，扣除在包圍莒城的燕軍還具有一定的戰鬥力，其他地區的燕軍因為要把守廣大的敵戰區，大多是軍力分散的小部隊，而且他們已經有相當長的時間遠離一線戰場，戰力早已下滑；另外，齊國百姓對曾經掠奪他們財物的燕軍深惡痛絕，就等著合適的時機點反抗。總結來說，燕軍天時（戰役時間拖延過長）、地利（身處陌生的敵占區）、人和（自己軍力分散且得罪當地民眾）全失，面對把握大勝餘威的田單，燕軍被驅趕回原先國境，齊國原來七十多座城池盡被收復。重返首都的齊襄王封賞田單為安平君，並讓田單執掌軍政

田單：今晚，來個絕地大反攻！

大權。

能完成戰國史上最大的復國行動，自然與田單高超的軍事才能脫不了關係，撰寫《田單列傳》的太史公司馬遷就評價：「用兵需要奇正相生，田單用兵之初有如處女的沉靜柔弱去誘使敵人，等到時機成熟，用兵卻像狡兔般快速敏捷，使敵人在奇謀中轉瞬而敗。」

但我覺得扣除絢麗詭變的戰爭藝術，還有一個使田單能締造奇蹟的原因，以及這個人真正使我著迷的地方。

老ㄕ一己之見

時間快轉到田單復國的末期，燕軍雖遭逢大敗，但仍占領幾座原先國境線上的齊國城池。

當時田單準備進攻狄城，臨行前去拜見有名的智者——魯仲連。沒想到魯仲連說：「你攻不下狄城的。」

田單忿忿不平地反駁：「我曾以區區即墨五里之城、七里之郭，帶領殘兵敗將就打敗了燕國並收復失地。怎麼可能攻不下一座小小的狄城？」沒想到後來田單猛攻狄城三個月，卻始終無法攻克，就連齊國小孩都編童謠嘲笑田單的徒勞無功。

田單趕緊找魯仲連問：「先生是怎麼預言出我攻不下狄城？」

魯仲連回答：「你從前在即墨時身先士卒並與民一同勞動，坐下去就編織草袋，站起來就舞動鐵鍬。所以當你號召軍民，大家都願意奮勇作戰。但現在你就顧著數算封地的稅收，平時又奢華打扮地玩樂。你只貪生的歡樂，沒有戰死的決心，這就是你攻不下狄城的原因。」

聽聞此言，田單說：「我有決心，先生您就看著吧！」第二天，田單親自站到敵軍的攻擊範圍內為攻城部隊擂鼓助威，狄城轉瞬間就被攻克。

另一個故事，則是田單有次與趙國名將——趙奢談論軍事，他對趙奢說：「將軍指揮才能之高無庸置疑，但我覺得你主張大兵團作戰實在很有問

趙奢。

題。因為兵士徵召數目過多會影響國內農耕，造成糧食供應困難，這是自破之道呀！如今你認為一軍之將要領兵十萬、二十萬才足夠，可你看古代帝王用兵不過三萬，便可令天下諸侯臣服，所以我覺得將軍的用兵理念大有問題。」

沒等田單喘口氣休息，趙奢立刻表示：「我看你根本不懂得形勢變化！古代天下分為萬國，最大的城不過三百丈，最多的人口不過三千家，所以三萬人已經是足以控制戰局的大軍。但當初的萬國如今已經聚集成七國，遠超古代的千丈之城、萬家之邑可謂比比皆是。所以現在統領三萬兵馬，野戰中不占優勢，更無法在攻城時進行包圍作戰。你拿古代的例子跟我談現代的軍事？我覺得你根本不懂軍事及現實呀！」

田單聽了，感嘆道：「我想得太淺了。」

老子曰：「知人者智，自知者明。」當人位高權重之時，是否能持續認清現實並做出正確的行動？

歷史上有太多人物拒絕承認錯誤，並且在錯誤的道路上越陷越深，比如：秦始皇迷信永生而至死未立繼承人，導致秦朝在權力鬥爭中滅亡、隋煬帝三征高麗而天下糜爛最終死於叛軍之手、崇禎皇帝為顧面子而拒絕向滿洲人停戰，使明朝在兵禍中崩潰……

田單的軍事才能締造戰場的奇蹟，但擁有卓越才能的他，亦免不了有犯錯的盲點。不過田單總是能立刻承認錯誤並且做出正確的補救，使國力大損的齊國在日後依然能影響天下大勢，由此可見田單的難得之處。

很多時候，我總會白日夢地猜想自己與歷史人物間的問答。如果我真有機會訪問田單，當我問：「你覺得自己能復國的秘訣是什麼？」

我在猜田單是否會如此回答：「最大的秘訣是，始終保持清醒，認清形勢、他人，以及最重要的……認清自己是否保持清醒。」

而我可能在問答結束後，會這麼對他說：「田單，真乃大丈夫，吾輩當效法之。」

組團囉！戰國四名將來迎聖臨！

話說《哥，就是個狠角色》的著作過程不太常規，因為我最初其實只聚焦描寫「戰國四大名將」，也就是：秦國的白起、王翦，趙國的廉頗、李牧，由於這四位都身處戰國晚期，所以我是先完成戰國晚期的時代敘述，後來才意猶未盡地敘寫其他時期的戰國歷史。也因為戰國晚期是我最先完成的作品，它顯得在結構上與前段相比更具獨立性以及完整，以至於多出了起源文還有番外篇作品。這個變化相信會讓敏銳的讀者們感到訝異或是不解，所以我在事先解釋的同時，順帶也想告訴讀者們：「我對戰國晚期的歷史有更特別的關注，甚至可以說，晚期的故事內容才是整本書的核心所在。」

我有一位從事教職的朋友，她調查學生對哪一段中國歷史最熟悉，結果不意外地由「三國時代」拔得頭籌。在眾多小說、戲劇、電玩，甚至是宗教的加持下，就算不了解三國的脈絡發展，曹操、劉備、諸葛亮、周瑜、呂布……這些人名或多或少會出現在大家的記憶之中並被輕易喚醒。

三國的確是精采且亮麗的時代，我自己也是因為三國故事才入坑喜歡上歷史。不過隨著讀的歷史越多，我自己認為：春秋戰國時代的精采程度，有過之而無不及。論軍事，戰國七雄間的相互攻伐複雜度遠超過三國，何況在學術思想上，更有腦洞大開的百家爭鳴。

同為亂世，三國時代有許多令人津津樂道的武將組合，像是：曹魏的「五子良將」、被後世狂加Buff的蜀漢「五虎大將」，以及被後世強迫送作堆的東吳天團「四大都督」。

戰國時代也有標誌性的「戰國四名將」，分別是：秦國的白起、王翦，趙國的廉頗、李牧。這四位武將能在戰國二百年左右的亂世中脫穎而出，絕對有其真材實料……但等一下！戰國名將何其多？為何偏偏就是這四位被列出來？

秉持著好奇，老ㄕ經過調查後，發現原來所謂戰國四大名將的典故，是出自家喻戶曉但其實沒多少人真正看完內容的《千字文》。在千字文中，有這麼一句：「**起翦頗牧，用軍最精。**」於是成為戰國四大名將的由來……

可又有問題了！

雖說排名就是主觀意識，但為何千字文的作者就單單聚焦在「起翦頗牧」呢？

畢竟白起、王翦出自秦國，廉頗、李牧出自趙國，難道戰國七雄的其他國家就沒有其他超一流武將可與他們相比？又有一問：起翦頗牧都已經是戰國時代後期的武將，難道戰國前中期的武將，他們的智謀武勇就不及後輩？

像是魏國（後期是楚國）的吳起，不僅在戰場上毫無敗績，更寫下有系統的兵學描述——《吳子兵法》，其價值足以和《孫子兵法》齊名。敢問吳起不強乎？

又例如燕國的樂毅，他率領數一數二弱的燕國，一舉打爆數一數二強的齊國，其戰績之優，甚至被後世的諸葛亮封為偶像。敢問樂毅不強乎？

又比如齊國的田單，在絕對劣勢的情況下（齊國只剩兩座城），一口氣逆襲反擊，收回七十多座城池，堪稱是軍事史上的奇蹟。敢問田單不強乎？

那到底為何就是起翦頗牧成為戰國四名將？這就要從千字文的由來說起。

千字文的內容，是南朝的梁武帝為了讓親人練習書法，於是挑選了一千個王羲之的字跡。但寫著寫著，梁武帝覺得：「這一千字好雜亂無章沒有系統喔。」

（老ㄕ曰：廢話，本來就是你自己隨便挑的，又怎麼會有邏輯？）

於是梁武帝找來一個叫周興嗣的大臣，告訴他說：「給我把這一千個字的內容編成好記的文章。」（老ㄕ曰：簡直就是慣老闆。）

老闆無理取鬧怎麼辦？答案是……還是要辦。

要說周興嗣簡直是文學奇才！在他熬夜加班、爆肝燒腦的努力下，他第二天早上竟然就完成了如今我們所看到的《千字文》。

這個作品有多威？在沒有邏輯的背景下，周興嗣竟然利用被限定的文字，寫成擁有四大主軸的流暢文章。這四大主軸包含：第一部分——宇宙誕生（也就是最廣為人知的「天地玄黃，宇宙洪荒」）、日月星辰、氣象物候、自然資源等天文物理學概念，以及王朝興替的歷史敘述；第二部分則講述人的修養標準和原則；第三部分論述當時南梁王朝統治下的相關形勢；第四部分則談論君子治家處身之道。

重點是，周興嗣的文章其實還引經據典，像是後世認為的戰國四名將出處「起翦頗牧，用軍最精」，其實是引用自《史記》的〈白起王翦列傳〉還有〈廉頗藺相如列傳〉（李牧的事蹟是在廉頗的列傳中被附錄的）。如此就破解了為何「起翦頗牧」是戰國四名將的原因：他們是在字元限制、用典考究下，被強迫送作堆的團體。

（順帶一提，據說周興嗣寫完千字文後是一夜白髮，我不禁想說……慣老闆真是煩死人不償命。）

團體來歷破解後，我自己覺得「起翦頗牧」這個男子團體其實如果改名叫「戰國末期四名將」會更加名副其實，而他們本身的經歷也的確牽動戰國晚期的局勢發展，所以接下來就讓我們透過最後的名將故事，為戰國時代畫下休止符。

戰國時期最慘烈的殺戮：長平之戰

戰爭總是血腥的，而有些戰爭更是特別地血腥及慘烈。隨著武器殺傷力進化，現代戰爭一場死傷數十萬的數字已經司空見慣到令人麻木。但在古代，由於人口稀少加上使用冷兵器作戰，即便是人口大國的中國，破萬人的死傷就是不得了的戰績。如此看來，戰國時代死傷達數十萬的長平之戰，無疑是古代戰史最讓人膽顫心驚的殘酷代表。

除了死亡數字驚人，長平之戰之所以是戰國最具代表性的戰役，在於它的情節充滿戲劇性地峰迴路轉，而且後世所謂的戰國四大名將中就有兩位參與其中。所以在個別談論戰國四大名將前，老ㄕ決定先以長平之戰做為名將開場的序幕，同時也是讓看官們可以更深體會當時的時代氛圍。

血流成河的曲折過往

公元前二百六十二年（秦昭襄王四十五年、趙孝成王四年），秦國頭號戰將白起攻下韓國的野王。

光從文字上看，這就只是一個地區被攻略的紀錄，但如果對照戰國地圖，就會發現野王對韓國非常重要，因為野王是上黨地區和韓國首都新鄭的連接點，當野王被攻下，就代表上黨地區與韓國的聯繫被切斷。此時實力已經虛弱至極的韓國決定：「上黨反正也守不住了，不如命令當地人向秦國投降，秦國得了好處，應該就會暫停對韓國的攻勢了。」

但是上黨地區的官員和民眾死活都不願意投降秦國，眼看母國已經放棄抵抗，上黨郡守馮亭決定：「乾脆我們投降趙國！如果趙國願意接受我們，韓趙就可以合力抵抗秦國，而秦國退兵後，或許我們還有機會回歸韓國。」

當馮亭要向趙國投降的消息傳到趙孝成王的耳中，趙孝成王心中可能

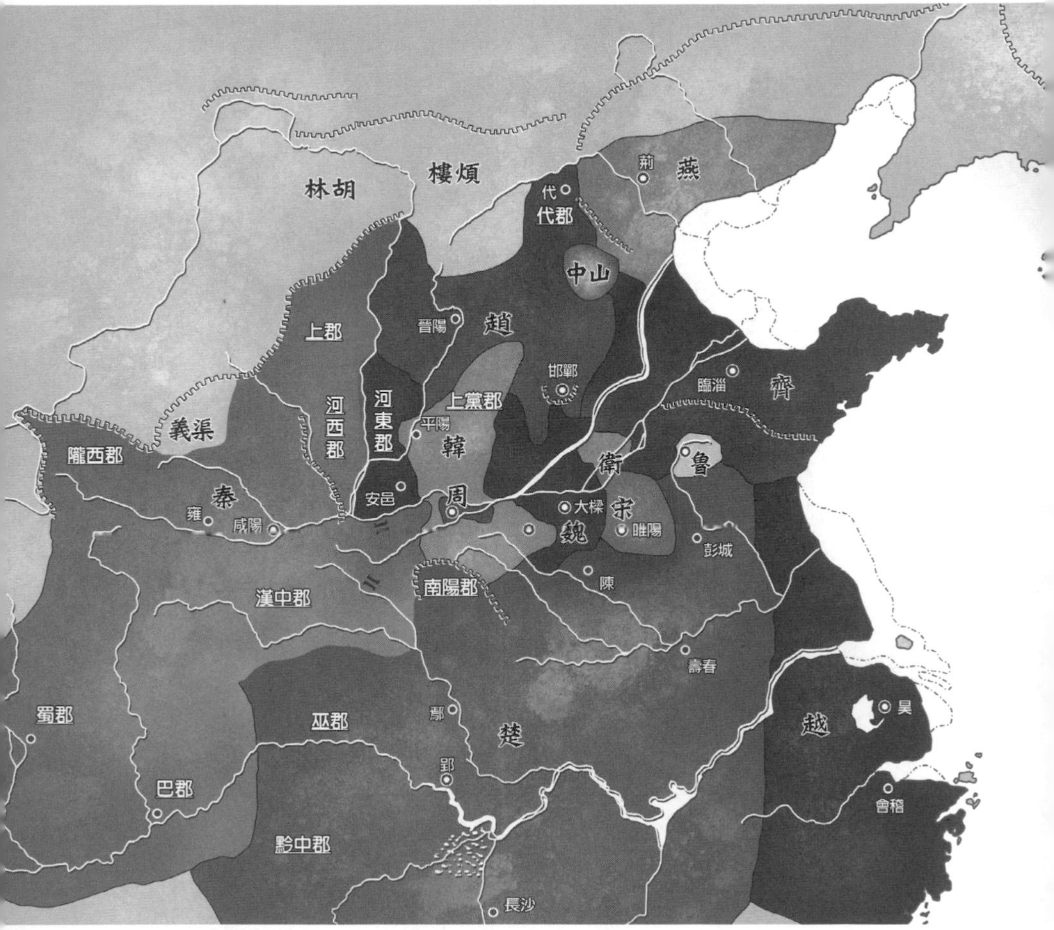
林胡
樓煩
薊
燕
代
代郡
中山
晉陽
趙
上郡
邯鄲
臨淄
齊
河東郡
上黨郡
河西郡
義渠
平陽
韓
隴西郡
衛
魯
秦
安邑
周
大梁
宋
雍
咸陽
魏
睢陽
彭城
陳
南陽郡
漢中郡
壽春
蜀郡
巫郡
鄀
楚
吳
越
郢
巴郡
會稽
黔中郡
長沙

戰國地圖。（米署繪）

這麼想：「當真是天上掉餡餅，莫大的便宜呀！」不過為了慎重起見，趙孝成王連忙召開會議，詢問心腹重臣：「我們是否接受上黨地區的投降呢？」

「不可以！」平陽君趙豹堅決地說：「秦國出兵打韓國，卻是趙國得到了便宜，秦國一定不會善罷甘休，到時就要換我們趙國承受秦國的進攻呀！」

「此言差矣。」平原君趙勝則說：「平時出動大軍攻伐，都未必能獲得一城一地，現在上黨地區十七座城不費一兵一卒就可獲得，這難道不是天賜良機？」

現在我們暫且打住，老ㄕ想問大家：「如果你是趙孝成王，你想聽哪個人的建議呢？」

我們先回過頭來看趙孝成王的決定：「接受上黨郡守馮亭的投降，召集大軍前往接收。」一切如馮亭所謀劃的，趙軍的支援使秦軍暫緩了進攻，但這並不意味秦國有所退讓，而是秦國正積蓄力量準備連同趙國一起扳倒！

戰爭初期：廉頗出陣

公元前二百六十一年，秦國派左庶長王齕領軍進攻上黨，趙孝成王則派廉頗領兵二十萬救援。

廉頗被後世譽為戰國四大名將之一，由國內頭號王牌領軍，可見趙王這次捍衛上黨地區的意志有多麼堅決。那麼戰況又是如何呢？

廉頗首先以百里石長城做為防禦陣地，之後再往西推進三十二公里建構空倉嶺防線，然後又派名叫「茄」的裨將率五千人出外搜索迎敵，其架式可謂步步為營。但秦軍攻勢卻猛烈至極，首先秦軍與趙軍在空倉嶺以西的河谷發生遭遇戰，混戰中，秦軍斬殺了趙將茄，迫使趙軍退至空倉嶺防線。

之後秦軍又攻破空倉嶺防線並斬殺趙國四個都尉，趙軍急忙在百里石長城以西的丹河構築臨時防線，可沒多久，秦軍又攻破陣地，斬殺了兩個都尉。根據描述戰國時代商鞅的《商君書》境內篇紀錄，光保護都尉的親兵就有一千人，這代表趙國在上述的戰鬥中可能損失超過六千人以上。

接連的敗戰，使廉頗決定讓趙軍全面退守百里石長城，這裡不但有山勢陡峭的天險，更建築大量的堡壘及石牆。所以當秦軍一如既往地搶攻，卻在此碰個頭破血流。

眼看死磕不成，秦將王齕率軍駐紮在丹河以西，並挑釁趙軍：「是爺們就出城決戰！」

而廉頗的反應是：「有本事你打進來！」

雙方重複幾次「你過來我就弄死你」的無謂叫囂後，漸漸地連罵陣的力氣都省去，直接展開沉默又高張力的對峙局面。

廉頗的考量

如果觀看廉頗在長平之戰初期的戰績，可能會讓人立刻冒出疑問：廉頗表現太「落漆」了吧？如果說第一次遭遇戰敗陣是運氣不好，接下來秦軍可是連續攻破趙軍的兩道防線。

而且秦國領軍的王齕還是帶兵經驗不多的將領。廉頗戰場經驗豐富對方數倍、戰場上更是以逸待勞，他卻一次也沒贏過。這算什麼名將？難道廉頗的名聲都是被吹捧出來的？

原來當廉頗與王齕對陣時，秦國有派另一支部隊至上黨區的南方以威懾韓國部隊不敢支援。所以當廉頗出百里石長城以西迎戰，秦國南方部隊隨時有機會北上突襲廉頗的後方，因此廉頗極有可能是為提防秦軍的包抄，這才節節敗退至百里石長城，如此就可以專心抵禦秦軍的正面進攻。

戰局發展至此，雙方都不甚滿意。秦軍雖已經占領大部分的上黨地區，但無法驅逐趙國的援軍就沒能控制當地，更何況當地軍隊及民眾還被原郡守馮亭帶往廉頗軍中。人口意味生產力，如果只得土地卻失去人口，秦國根本無法有效開發上黨地區，只怕一段時間後，到嘴的肉又要吐出，只是白忙一場。而趙國則捨不得丟掉撿到的便宜，何況在賠上破萬人命後，更是不願認賠作收。於是戰場上雙方雖按兵不動，但秦趙兩國卻動員更多的手段，好讓勝利的天平能稍微往自己傾斜一些。

戰爭中期：持久戰

雖未有詳細數字，但秦趙雙方在長平之戰初期都出動二十萬人以上的部隊，這些部隊需要由後方供應糧食，而運糧到前線的過程中，運輸部隊本身也要吃飯，所以一旦陷入對峙，補給的重要性以及困難度會與日俱增，何況雙方這一對峙就是兩年半。

觀看雙方形勢，趙國距離前面補給線較短，可以消耗較少的資源；秦國國內則擁有較多糧食，綜合國力占上風，雙方各有優劣之處。那麼到底是誰能在對峙中占上風呢？這個疑問可以從歷史的紀錄中找到一絲端倪。

話說有一天，趙孝成王找來樓昌、虞卿兩位大臣商量：「長平之戰發展至此，兩位認為我該怎麼辦呢？」

樓昌說：「派遣使者和秦國講和吧。」虞卿卻說：「如果要跟秦國和解，恰恰不能直接和秦國講和；因為我們主動講和，那主動權在對方，而且對方就會知道我們勢弱，到時更不會和我們和談。現在不如向楚、魏兩國示好，如果楚、魏接受，那秦國就會認為我們締結了三國同盟，到時在外交占有優勢的局面下，才能和談成功呀！」

雖然樓昌、虞卿的策略不同，但目的是一樣的：「和秦國達成和解。」這代表趙國已經負擔不起長平之戰的消耗了。事實上，長平之戰期間，趙國曾經向東方的齊國提出借糧的請求，但齊國當時盛行孤立主義，齊趙雙方的摩擦也不少，於是拒絕趙國，由此可見趙國糧食供應的窘迫程度。所以盡速和談結束戰鬥，對趙孝成王來說既是解脫也是必要，關鍵在於：要選擇哪一個方案呢？

關鍵的轉折：換將風波

趙孝成王後來選擇派遣使者向秦國和談，對此，秦國開始出招了。秦昭襄王首先厚待趙國使者，但死活不跟他談判，這帶來兩個影響：

一、趙國被迫繼續堅持作戰，這讓趙王對日漸艱難的糧食補給越感煎熬。

二、其他國家看到秦王厚待趙國使者，都開始懷疑秦趙是否要達成什麼秘密協議，所以決定旁觀，不幫秦卻也不幫趙。

在外交上成功孤立對方的秦國，接下來繼續來個計謀combo，好達成秦昭襄王的目標：消滅趙軍！而他們的目標，就是秦軍在戰場上的最大阻礙——趙國主帥廉頗。

雖然廉頗連吃敗仗，但仍保持趙軍完整的戰鬥力。而堅守戰術看似無所作為，卻也是懸在秦國遠征軍眼前的一把大刀，因為只要秦軍有退卻的行動，廉頗隨時可以轉守為攻，或是直接帶著趙軍以及上黨軍民撤退，如此雖折了面子卻獲得人口資源，贏了裡子。總之，只要廉頗在，趙軍就很難發生致命失誤的可能。因此，如果秦國要提高消滅趙軍的可能性，就需要讓廉頗滾蛋。

於是秦國開始在趙國首都邯鄲，散布謠言：「秦國最怕的是馬服君的兒子趙括。廉頗不但容易對付，而且可能要投降秦國了。」在一連串的行動下，終於讓趙孝成王決定：「撤換廉頗！」

由於廉頗在後世的高評價以及長平之戰最後的結局，趙孝成王的換將行動因此被人罵翻。以結果論，趙孝成王當然該罵，但如果認為趙孝成王是智慧不足所以才中了反間計，我認為那又過於簡略當時的狀況了。

面對對峙下日漸艱難的困局，趙孝成王一方面調動各方資源支持前線，另一方面催促廉頗有所作為，好使局面有所改變。廉頗的反應卻是：「咱就是堅守，沒別的方法。」

以戰術來看，廉頗沒有問題，但調動戰略物資的趙孝成王知道趙國的處境無法再支持堅守戰術。「要能堅守，我會不支持嗎？我可是已經供應大軍兩年多了。現在就是無法再堅守，廉老頭你還是只敢堅守，根本是不顧現實也無視我的判斷，簡直不可理喻！」以上是老ㄕ揣摩趙孝成王可能有的OS，還原度……其實不敢保證。

不過，一個是統御全局的王，一個是專注戰場的將軍，兩人位置不同，最終造成思考行動有所分歧，已經被逼急的趙孝成王撤換堅守的廉頗是遲早的事，反間計只是加速它的發生，以及讓秦國能誘導趙國派出他們心目中的人選——趙括。

趙括的身世

趙括，此人在後世的評價是「紙上談兵」。如果以長平之戰的結局做為評論依據，這個評價並沒有錯，但如果試著返回戰國時代想深一層，卻未必能如此簡單地評價趙括，所以我們還是要先了解一下趙括的基本資料。

趙括，其父為趙國名將馬服君趙奢。趙奢留在歷史上的軍事紀錄大致有兩筆。

第一筆相當簡單，「攻齊國麥丘，取之」；第二筆則大大地不簡單，公元前二百六十九年，秦國率大軍進攻趙國閼與，當時主政的趙惠文王找廉頗、樂乘等老將詢問對策；廉頗、樂乘一致認為道路過於遙遠、路狹難救，不如放棄算了，但趙奢卻說：「閼與地勢險峻狹長，只要將士奮勇作戰就可獲勝！」於是趙惠文王決定讓趙奢率軍救援閼與。

把話說得很滿的趙奢領軍出邯鄲三十公里後，卻立刻築壘紮營，按兵不動，這一待機就是二十八天之久。秦國間諜把趙軍情況回報秦軍主帥，秦軍主帥認為趙奢根本嘴砲一枚，於是放鬆對趙國援軍的戒備。趙奢就是在等秦軍主帥的反應。他立刻領軍疾馳兩天一夜至閼與城附近列陣，秦軍面對突然出現的援兵極為震撼；當秦軍倉卒迎擊，趙奢已經占領制高處並猛擊秦軍，而本來被圍攻的趙國閼與守軍也出城配合夾擊，最後讓秦國大敗而歸，趙奢也因此戰功勞被封為馬服君。

說了這麼多，就是想表達：趙括的老爸著實了不起！

趙括就是在如此善戰的老爸教導下成長，而且身為趙國貴族，能享受遠超過一般人的資源，這其中包含當時極為稀缺的知識。古語說：「遺子黃金滿籯，不如一經。」從西漢的任官選才制度來看，只要能懂一部經書，就能在朝中為官，可見當時知識的稀有以及獲取的不容易，可謂趙括家學豐厚。

那趙括的學習成果又是如何？畢竟小和尚念經有口無心的狀況也很有可能出現呀？

答案是：趙括的學習成果好得沒話說！

從史書紀錄來看，身為趙國名將的趙奢都無法在理論上辯贏趙括，可見趙括學得很徹底，不僅記得熟，說不定還能旁徵博引、舉一反三。所以在理論上（最起碼在筆試成績上），趙括堪稱是兵書上的學霸，在戰爭知識上我想比一般人高出不知多少檔次，擺在今天，應該是位口若懸河的軍事評論家。而從秦國散布的謠言有提到趙括來看，趙括的名氣更可能已經響徹戰國群雄之間，可謂讚譽頗佳的潛力新秀，所以讓趙括代替廉頗掛帥，雖然很出人意料之外，但也並非毫無邏輯可言。

而秦國指定趙括的一個原因，同時也是誘使趙王心動的原因，是趙括身上獨特的優勢：他老爸趙奢與廉頗的互動。前面提到，在閼與之戰中，廉頗提出穩重的棄守策略，而趙奢卻以大勝的結果，狠狠地打臉廉頗的預測；老爸如此，兒子會不會也如此？嫌棄廉頗防守戰術的趙孝成王有可能從這段過往經歷，看到打破僵局的希望。

於是在公元前二百六十年的夏天，趙孝成王命令趙括替代廉頗成為主帥，並加派二十萬援軍與前線守軍會合成四十多萬的大軍。而趙括春風得意地到達前線後，撤換大批中下級軍官並放棄防守戰術，準備主動出擊，一舉擊敗秦軍。

趙括的苦衷

還是要說，如果從結果論，許多人自然會批評趙括的攻擊戰術實在是無謀之舉。畢竟廉頗堅守兩年多都沒吃大虧，趙括後來一接手就出大問題，這樣的對照實在差很大。

可老ㄕ認為，無論誰當新任主帥，必然會採取攻擊戰術。趙括的主動出擊固然是他本身的思考，但更重要的，是因為趙孝成王換帥就是為了進攻，所以新任主帥必須服從高層反守為攻的戰略。（換個說法，你滿口答應趙王要速戰速決，但來到前線卻又說要長期固守，大部分老闆都會覺得被耍而翻臉吧？那下場難道會好過廉頗嗎？）

那主動出擊是錯誤的選擇嗎？答案是：未必。

不管是熬死對方，還是ＫＯ對方，只要能擊敗對手就是好方法。如果趙國已經補給困難，那堅持對峙反而是在慢性自殺，如此看來，主動出擊難道不是另闢路徑的求勝之道？

或許趙孝成王在正式換帥並目送趙括大軍離開時，就一直不斷地祈禱：「趙括一定要贏呀！我只能寄望你的才華可以帶領趙國突破困局了！」可問題是，當趙孝成王決定換帥時，有一個人卻已經清楚地知道：「趙、軍、要、完、蛋、了！」

趙括的底氣

先說這個預料到情勢發展的人不是秦國人。

雖然讓趙括掛帥是出於秦國的計謀，但潛力新秀在初次亮相就技驚四座的狀況卻也不算少見（如果用今天的環境來比喻，籃球或棒球運動很常出現新秀力壓老將的場景），所以秦國的計謀只是將勝率提高，當中會不會有變數，只怕他們自己心裡也是七上八下的。

但老ㄕ說的這個人卻是百分之百確定趙括遲早要完蛋的結局，以至於她事情都做得特別絕，那人就是趙括的老母。

根據《列女傳》的說法，當趙王說要讓趙括掛帥時，趙括他娘連夜進宮表示：「趙括不可為將！」

趙王雖然滿心不悅，但還是詢問原因。趙括他娘說：「孩子他爸（趙奢）生前就表示：『軍事是極為兇險的學問，但趙括每次談論都把它說得很簡單，國家如果任用這樣的人當將領，一定會慘敗呀！』」

除了老爸表示，趙括他娘還提出一個看法：「孩子他爸每次擔任將領，國家任何賞賜一定全數分給底下的將士，而且從接到任命那天開始就全心投入，甚至從不過問家事；但我兒子（趙括）擔任將領，顯得趾高氣昂，大王給的賞賜是全數收藏，平常還一天到晚關心房地產買賣。這兩父子不是同一種人呀！大王千萬別派趙括擔任主將呀！」

可惜趙王最終仍決定讓趙括掛帥，對此趙括他娘則表示：「王如果堅持，請答應我這孩子要是失敗了，罪過可千萬不要牽連到我們家。」（一個母親把話說到此處也真是絕了！）

隨著趙軍大動作增援以及換帥之際，秦國知道對峙的局面將要結束，針對新的局面，秦國也開始有所反應。公元前二百六十年的某一天，一位長者在幾乎不為人知的狀況下進入秦軍大營，並為長平之戰帶來最血腥的完結。

秦軍新主帥

後人讀歷史有個優勢，就是我們擁有上帝的視角。以戰爭為例，我們知道雙方同時之間正在進行什麼計策或是行動，在兩相對照時，我們可以分析哪一個決定更有優勢，也可以即時破解當時人的行動。但上帝視角卻也有盲點。

在戰場上，敵方絕大多數的情報是我方不清楚的，甚至有些時候連己方的情報都未必清楚，像是分遣部隊的狀況、增援部隊的進度、前線臨時出現的意外。在西方兵學，就有個專有名詞形容這種強大的不確定性——「戰爭迷霧」。

既然訊息極度不明，己方在做任何決策時，其實都無法百分之百肯定最終的效果為何，負責做最終決定的將領要背負的壓力，非常人能夠想像。

因此能在戰鬥中，準確預測或捕捉到敵方的下一步，那就顯得極其重要。消極一些，可以化解對方行動；積極一些，那就是繼續誘導對方執行自己最想要的行動，然後一步步地將對方引導到任我宰割的局面。

長平之戰的後期，趙國換帥以及增兵的行動，就讓秦國清楚知道趙軍要轉守為攻的動向，於是秦國決定：我們也要換帥！

公元前二百六十年，一名長者在極少人知道的狀況下進入秦軍大營。秦軍的主帥王齕一看到此人，立刻肅立行禮，而長者則拿出信物給王齕確認後，毫不猶豫地坐上主帥的位置。

「他來了！」王齕心中一陣狂跳，眼前的長者現身於此，代表秦國將要動員所有力量迎戰趙軍，而且此戰我方必勝！因為來者正是戰國四大名將之一，秦國的王牌戰將——武安君白起！

在長平之戰前，白起從無敗績，且殺敵極多。當初趙國準備出兵支援上黨地區時，其實就曾以白起為假想敵，甚至認為，即便是廉頗在野戰中對陣白起也會落居下風，可見趙國對白起戒慎恐懼的程度。

前面提到，戰場上充滿不確定性的「戰爭迷霧」，但反過來說，善戰者可以利用不確定性達到迷惑對手的效果。所以《孫子兵法》一開始的始計篇就提到：「兵者，詭道也。故能而示之不能，用而示之不用，近而示之遠，遠而示之近。」（白話解釋：能打裝作不能打，要打裝作不要打。）所以白起接任主帥的第一道命令就是：「有敢泄武安君為將者斬！」好繼續保持資訊的隱蔽性。

此時我們若用上帝視角來觀察此時的戰局：秦國的主帥是所向披靡的白起，而且他已經知道趙軍下一步的動向一定會主動出擊，因此他制定計策時將占有先機；趙國的主帥是欠缺實戰經驗的趙括，而他對秦軍很可能一無所知。我想大多數人應該都會得出一個結論：趙軍危矣！

戰爭後期：決戰長平

在趙括的指揮下，趙軍衝出百里石長城攻擊秦軍，面對趙軍久違的攻勢，秦軍立馬退敗，這讓趙括更加興奮：「所謂秦軍不過如此！」初上戰場就建功的成就感，讓趙括對秦軍加緊窮追猛打，但經過數次敗陣後，秦軍卻退入到事先建構好的防禦陣地死死擋住趙軍的攻勢。正當趙括命令部隊加強攻勢時，一個讓他從激情中瞬間大夢初醒的消息傳來：「急報！我軍後路被切斷了！」

原來白起早就派出二萬五千名秦軍，在趙軍衝出防線後，迅速切斷趙軍運糧部隊與主力軍的聯繫。之後當趙軍前進受挫時，立刻命令移動迅速的輕裝步兵補上空隙，讓一個包圍網瞬間完成。

雖然我前一篇曾提到，趙括其實學習成績驚人，不可等閒看待。但如果看他的實際表現，事後諸葛亮的我還是想說：「你兵書都讀哪去了？」《孫子兵法》不是有句「窮寇莫追」？結果你不但追了，還完全不顧糧草補給，這不是胡鬧嗎？就算那時沒有出現「兵馬未動，糧草先行」的精闢用語，但《孫子兵法》的第二部分《作戰篇》，可是嚴格提醒後勤的重要性呀。

此時的趙括並非陷入絕境，畢竟他身旁擁有為數眾多的精銳部隊，如果能夠冷靜下來，還是能夠集中兵力調整方向突圍。這個道理，你知道、我知道，白起自然也知道，於是他下令：「豎起帥旗！」

當趙軍看到「白」字帥旗在秦軍中出現，所有人瞬間心寒：「那個殺人狂魔白起來了？」當主帥趙括接到眾人恐慌的彙報，他內心感到更深的恐慌：「我的對手是白起？怎麼會這樣？難道秦國早就換帥？所以他先前是詐敗？那他現在還有什麼陰謀？我該怎麼辦？」完全陷入混亂的趙括於是做了一個眼前最讓他安心的決定：「原地築壘，堅守等待援兵。」

唉～～～這實在是個昏招呀！

你趙括先前待在邯鄲那麼久，難道不清楚趙國會有多少兵？如果派援軍容易，趙孝成王在先前兩年多的對峙期間早就派援軍支持廉頗了。現下趙國除了防禦北方胡人的邊防軍，國內所有的部隊就在你身邊，你還期待有援兵？你這是有毛病吧？

白起看到趙括原地堅守，當真是大喜過望。因為雖然他完成了包圍網，但此時秦軍因兵力分散，除了正面防線有天險加持足以扛住趙軍攻勢，大部分的包圍圈其實人力不足，所以很容易被突破。於是白起趕緊回報秦昭襄王：「我已經包圍趙軍了！」

接到消息的秦昭襄王也知道這是關鍵時刻，於是已經六十多歲的他立刻親自趕到河內郡，下令：「所有郡民直接軍功升一階！十五歲以上的男丁全部加入長平前線投入戰鬥！」

趙軍被包圍的消息也很快傳到趙國，這對趙孝成王簡直是青天霹靂。

「趕快派援軍解救呀！」

趙國將領們慌張但無奈地回答：「實在沒有人力可以組織了。」

趙孝成王急著說：「那趕快派使者去鄰國結盟，好搬救兵。」

這也是個方法，可問題是……秦昭襄王先前早就透過外交手段讓各諸侯國只敢旁觀，而不願救趙。所以，最終結論是：長平的趙軍沒救了！

西元前二百六十年九月，長平的趙軍已經被圍困四十六日，在此期間，趙括曾將部隊分為四隊強行突圍四、五次，但始終未能衝出重圍。如今戰馬早已被殺光，趙軍已經開始互相殺戮好吃人肉了，於是趙括親自率精銳衝鋒希望能順利突圍，最終他在突圍時身中數十箭而亡。在失去主帥後，倖存的趙軍徹底沒了指望而選擇投降。

接下來就是長平之戰最著名、也是最血腥的環節了。

白起認為：「趙卒反覆。非盡殺之，恐爲亂。」所以在一夜之間屠殺已經投降的趙軍。史書記載當時「流血成川，沸聲若雷」、「血流淙淙有聲，楊谷之水皆變為丹，至今號為丹水」。白起更放走二百四十名年少者歸趙，散布這場慘無人道的屠殺，於是整個趙國「子哭其父，父哭其子，兄哭其弟，弟哭其兄，祖哭其孫，妻哭其夫，沿街滿市，號痛之聲不絕」（白話翻譯：整個趙國人心都崩潰了！）。

至此，長平之戰以趙國陣亡四十多萬、秦國傷亡估計十萬以上的代價告終……

重新來看長平之戰，勝敗關鍵究竟為何？

小時候我看長平之戰，總覺得趙括太無能，或是趙孝成王無能加一時貪婪，這才導致趙國全軍覆沒的結局。

多年後的今天，我認為小時候的自己當初跳過了過程檢驗，直接就事實發表評論。雖然結論並非全錯，但這個歷史事件除了讓我知道一個精采的故事，許多有價值或是說更有意思的部分卻被忽略了。

趙括的能力或功過，我已經談得差不多，現在想跟大家再聊聊：趙孝成王在長平之戰的重要性。戰爭不只是前線將領的相爭，亦需要後方主政者的支持，整個長平之戰，趙王其實有兩個最為關鍵的選擇，也就是我先前向大家提的兩個問題。

當上黨軍民準備投降趙軍，你是趙王，你接不接受？

如果就結果論，這個問題很容易得出「不要接受上黨」的答案。但這有個後續問題：秦國得了上黨只會更強，趙國以後要如何抵擋秦國？當時各國單挑秦國注定都是敗陣，如果大家都只顧自己死活，遲早被越發強大的秦國給各個擊破。如此看來，接受上黨增加抗擊秦國的力量未必是壞事呀！

所以第一個問題，老ㄕ自己的回答是：各有利弊，沒有對錯。因此長平之戰真正的關鍵，我認為其實出在第二個問題。

當前方補給越加困難，你是趙王，是直接和秦國談判？還是選擇和其他勢力求援？

我認為，趙王的選擇：「向秦國談判」，無疑是錯誤的選擇，是趙國走向戰敗的關鍵。本來雙方對彼此的訊息所知有限，但當趙國主動向秦國談判，不就透露自己資源不足的狀況？秦昭襄王於是透過外交手段逼使趙國繼續作戰，而且連帶斬斷趙國和其他國家同盟的機會；接下來就可以引導對方走向下一步：主動出擊；再接下來，為了降低趙軍的作戰實力，於是誘導對方換上實戰經驗淺薄的趙括……最終一個資訊透露，導致趙國四十多萬人慘死於長平。

與秦國相比，趙國對於敵方的資訊都是過時或封閉的，最有力的證明，就是直到白起豎立帥旗前，他們都不知道自己面對的實際對手，所以趙國越到後期只能陷入被動接招的窘境。

除了對外資訊接收的差距，秦趙雙方對資訊交流的流暢度也是關鍵。秦昭襄王與前線可謂密切配合。前期果斷派大軍直攻上黨，並派其他部隊切斷韓國的支援；中期毫不手軟地供應糧草，並且利用外交手段孤立趙國，逼使本就勢弱的趙國主動出擊；後期決戰則投入王牌戰將，並且親上前線徵兵。可以說，秦國從上至下用盡一切手段將戰爭機器催到最大檔。

趙孝成王在前期表現其實不差，為了奪取上黨，果斷派出王牌戰將。但在中後期，趙孝成王的目標卻變得模糊，導致前線及後方出現目標不一致的狀況。廉頗的目標是保持不敗，趙王卻是要迅速結束戰爭。要我形容的話，這就好像開手排車，換檔動作始終沒有協調好，所以車子老熄火，那當然會出問題呀！

一件事情的成功或是失敗，通常原因不只一個，但總有些問題是事件中的關鍵。在我看來，長平之戰對應到現代的關鍵，就是「掌握資訊」。跟古代有所不同，古代苦於資訊不足，現代人則苦於資訊量爆炸，但不變的是：能掌握或利用資訊的人往往更有優勢。

所以對我個人而言，長平之戰的提醒就是對於資訊需要有求知的開放性，好讓自己能接收更多的資源，以待有朝一日能有發揮的機會；另一方面，磨練出實際應用資訊及資源的能力，這其中有自己的見識思考，更有基礎的資料整理（這也是咱們歷史系的本行），還有付諸行動的確實。

長平之戰做為戰國末年最關鍵的一場戰役，同時也影響著戰國四名將們的命運。如今，宏觀的戰局介紹已過，接下來，就要進入名將們各自的故事了。

白起

殺戮百萬的戰國殺神

西元前二百五十七年，秦國首都咸陽城外西方十里有個名叫杜郵的小村落。

這天，小村落顯得不平靜，一群人氣勢洶洶地趕到此地，當地民眾稍一觀看立刻退避三舍，因為來者的衣著表明他們是秦王使者。

使者團雷厲風行進村，沒多久就停下了腳步，他們包圍一名長者，並準備完成此行的目的。使者團的首領下馬遞出一把劍，鄭重地向長者表明他的來意。聽完使者的傳話，長者緩慢地接過使者手中的劍，同時，憤怒、絕望、驚懼……種種情緒在他的臉上出現。

長者突然仰天喟嘆：「我何罪於天而至此哉？」

或許是出於尊重，使者們沒有催逼長者，而是靜靜地等待結局。長者靜默良久，突然又是一聲喟嘆：「我固當死。長平之戰，趙卒降者數十萬人，我詐而盡阬之，是足以死。」話一說完，長者立刻抽劍自殺。

一個老人自殺，場景想必十分淒涼。但如果說出長者就是在幾年前還統領秦國大軍的名將白起，只怕當時任何一個人都會感到極度地錯愕。

後世所謂的「戰國四名將」，白起名列首位，雖然並非絕對，但在一群人中，通常名字越靠前代表地位越高，所以說白起是四名將中的最強者也並非過譽。

翻閱史書，白起一生不敗，非但是秦國的王牌戰將，更是關東六國最恐怖的噩夢。但究竟是什麼原因，讓這位王牌殺神走上自殺的結局呢？

伊闕之戰：殺戮之路的起點

白起早年的事蹟不詳，他第一次出現在史書上可能已經四十歲左右，當時他被任命為左庶長，並首次擔任攻城主帥。從他第二年官升一等的人事

白起。

命令推測，白起第一次領軍戰績應該不差。

但史書沒有記錄他首次領軍的戰鬥內容，除了古人寫史書有惜字如金的習慣，我個人推測的原因是：因為沒啥特別的。

白起很有可能獲得局部性的戰術勝利，但沒有造成對手太大的損失，也沒攻掠下城池，所以撰史者才簡單帶過這場軍事行動。另一個可能原因是，秦之後的史家找不到相關史料。畢竟秦末戰亂四起，加上項羽火燒秦朝首都咸陽摧毀眾多官方紀錄，很有可能造成後世史家考據上的困難。

升官本來是件喜事，但一般人如果面對到白起升職後所要負責的任務，我想應該開心不起來，因為白起奉命要迎戰攻打伊闕的二十五萬韓魏及東周國聯軍，而他的兵馬大約只有對手的一半。

按常理，人數占優的聯軍會主動進攻，但聯軍在開戰前卻出現糾紛。原來，魏國在聯軍中占多數，不過部隊數量少的韓國卻較為精銳，於是這兩國就開始互踢皮球。

魏國：「韓國部隊英勇，應該打頭陣率先進攻秦軍。」

韓國：「不不不！魏國人多勢眾，當然是身為主力的你們先進攻才對呀！」

當兩國都捨不得先進攻，並指望對方賣力作戰，自己好撿尾刀之際，白起注意到了聯軍貌合神離的事實。於是，白起首先對韓國部隊展開佯攻，接著趁魏軍因此放鬆戒備時，突然集中兵力猛攻魏軍，魏軍率先潰敗，接著人數本來就偏少的韓軍也無法單獨承受秦軍的第二波攻勢而潰敗。結果，白起一口氣斬殺二十四萬魏韓聯軍，最終占領了要地伊闕及五座城池。這就是白起不敗傳說的第一步——伊闕之戰。

等一下！

還記得前面提到韓魏聯軍的人數是二十五萬嗎？然後白起斬殺敵軍二十四萬，這代表韓魏聯軍的陣亡率是百分之九十六？**太、兇、殘、了吧！**

對比同時代的西方，被譽為包圍殲滅戰典範的「坎尼會戰」（Battle of Cannae）。當時迦太基的漢尼拔於此戰將八萬七千人的羅馬軍團斬殺六萬多人，百分之七十五以上陣亡比率，使羅馬人不僅痛哭流涕，並對漢尼拔聞風喪膽。

相比之下，白起無論是人數及比例上都大大超越了漢尼拔，如此毫不留情的殺戮，不禁讓我感受到一股膽顫心驚的惡寒……

但以「對敵人仁慈就是對自己兇殘」這點來看，白起其實做得非常正確，他不但徹底解除聯軍對秦國的威脅，還使韓、魏兩國無法在短期內補充兵源。同年，白起乘虛而入占領了韓國大片的土地，並在接下來數年頻繁對三晉的韓趙魏用兵，過程不僅是連戰連勝，甚至曾一度率軍包圍了魏國首都大梁。

由於不堪秦國的猛攻，三晉之一的趙國轉而和秦國同盟。於是秦國暫時停止東進，將焦點轉移到南方的楚國。

鄢郢之戰：完美展開心理戰

楚國，春秋戰國時代的超強大國。

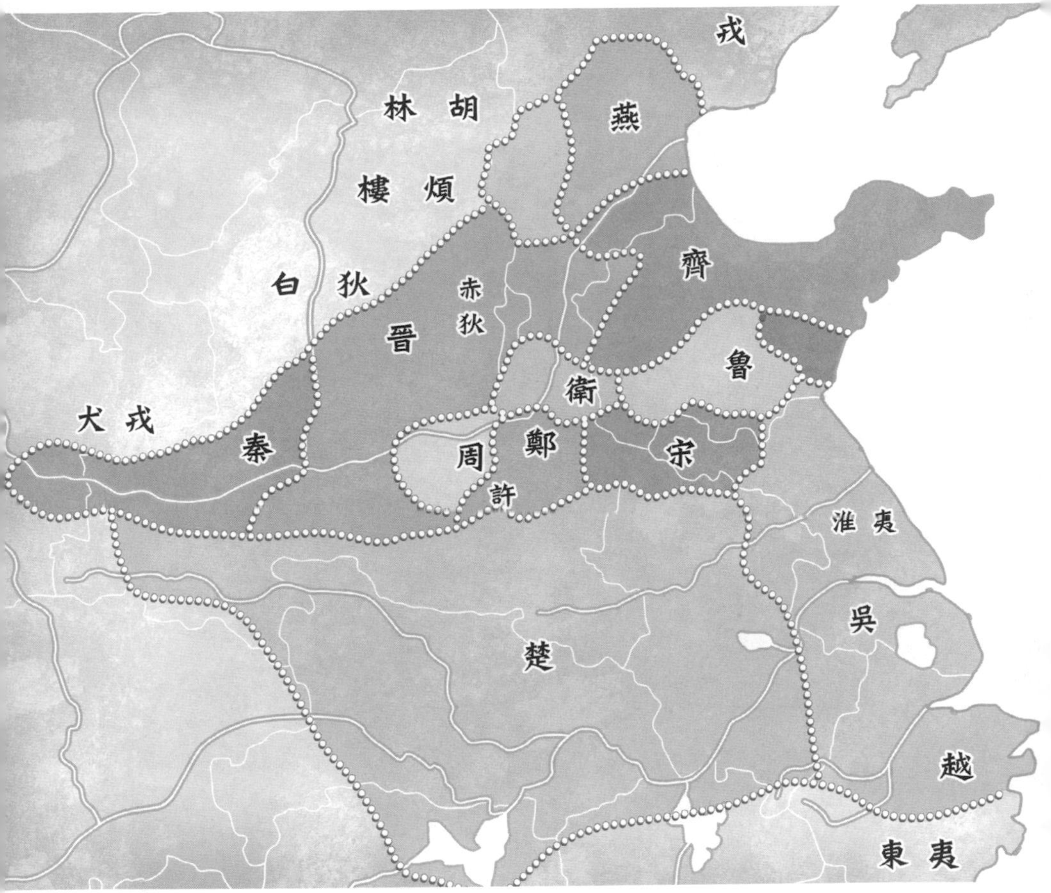

春秋地圖。（米署繪）

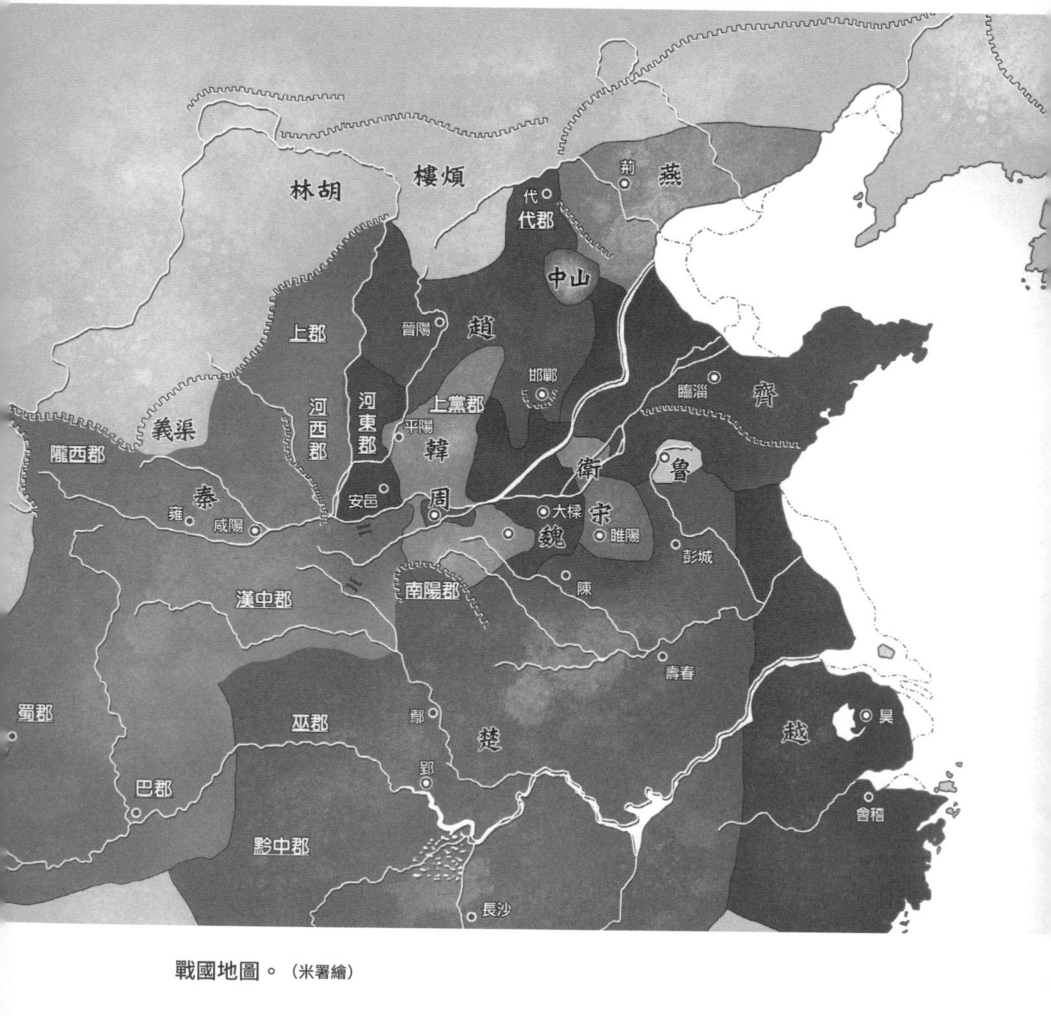

戰國地圖。（米署繪）

哥，就是個狠角色

老ㄕ這話可非胡說，我們來看一下春秋及戰國的地圖。

楚國無論是春秋還是戰國時代，都擁有最廣大的領土，這也代表楚國的國力一向強大。所以當秦王決定對楚國用兵，並詢問白起作戰計畫時，白起的答案使眾人感到極度不可思議：「我將率領數萬精兵直取楚國的首都！」

此話一出，眾人都懷疑白起是否在找死？

楚國可是擁兵數十萬且擁有極深的腹地，如果楚軍嚴守交通要道並實施堅壁清野的戰略，只有數萬之眾的秦軍不但很難取得戰果，沒準還被對方給包圍殲滅了。

等到白起出兵後，他老兄採取的措施更讓人確定：此人根本企圖自殺！

因為他在軍糧攜帶不多的情況下，竟然在渡過兩國的分界漢水後，就把渡河用的橋梁及船隻全部拆除燒毀！在不可能獲得後援的情況下，直奔楚國的都城——郢。

正常人看到白起的用兵，估計準備接收敗戰通知，說不定還事先準備開追悼大會了。可過一段時間，秦國接到戰報：「白起所向披靡，秦軍已經殺到楚國的別都鄢城了！」

趙國平原君曾形容白起：「眼神銳利、分析準確、意志堅強。」做為百勝名將，白起總是能看破敵方的弱點，然後毫不留情地趁隙突破，接著在傷口上灑鹽酸徹底摧殘對手。

雖然楚國貌似強大，但白起明白，如今的楚國早已今非昔比。楚王自以為國土廣大而不好好治國，導致他非但沒能任用人才，還讓朝中官員陷入內鬥的政爭中，連帶使國家運作效率低下、城池沒有良善維修、各地駐軍軍心渙散，百姓也沒有為楚王效忠的心志，簡單一句話：楚國徹底爛掉了。

所以白起決定只率少量部隊（從他以往率領數十萬大軍的規模來看，數萬人真的算很少了）並減少輜重負擔，以求在最快速的時間內突擊楚國衰弱的國防。而且為了激勵士兵向前邁進，他索性自斷後路，用絕望去激發出士卒殺戮的動力。反觀楚國，因為士兵個個只希望保家根本不想衛國，所以每次迎戰，大家立刻腳底抹油、各奔東西，回家洗洗睡也。這讓白起能深入敵境，還可以從不設防的楚國領土掠奪糧食，一路連勝地攻到鄢城。

鄢城距離楚國首都已經很近，眼看大禍臨頭，楚王終於集結重兵在此阻擋秦軍，秦軍發動數次攻擊都未能突破楚軍的防守。等一下！楚國已經是重兵雲集，面對只有數萬的秦軍竟然只求抵擋而不求反攻？若非白起戰術能力太強竟然能以寡凌眾，就是楚軍戰鬥力真的已經廢柴到無法組織一次像樣的攻擊。

毫無後勤又深入敵境的秦軍沒有任何僵持的本錢，久攻不下的白起仔細觀察鄢城布防後，隨即宣布：「在鄢城西邊百里處築堤蓄水。」等到堤防完工，白起鑿破堤防引大水灌城，經河水浸泡的鄢城東北角很快潰破。這個行動使鄢城中「百姓隨水流，死於城東者數十萬，城東皆臭，因名其陂為臭池」，並使白起最終攻掠下這座要地……

太、兇、殘、了！

這到底是什麼樣的慘狀？而且根據史書的記載，白起攻楚的軍事行動不只針對士卒，也傷害了不少平民。

隔年，白起繼續出兵，攻陷楚國首都——郢，並把楚國歷代先王陵墓燒毀。這一燒，徹底摧毀楚王的抵抗意志，楚王選擇遷都自保，日後再也沒有人選擇建都在郢城。這一燒，也徹底摧殘了楚國人民的自尊，屈原寫了首名為「哀郢」的文章，裡面提到楚國人自此像失了魂似地終日渺茫，他更對國家遭受如此羞辱而絕望地自殺。如今我們端午節能放假，或許有部分還要感謝白起（？）。

擁有幾乎十倍於對方的兵力，楚國竟還被攻陷首都，王室還遭受挫骨揚灰的對待。白起的攻勢讓楚國國力及精神上皆被重挫，自此再無力獨自抗秦。建立奇功的白起則因攻楚勝利被封為武安君，並且名震天下。

長平之戰：殺神的頂峰

接下來十多年的日子裡，白起仍不時領兵出戰，並且締造出後世將領做為用兵參考的經典。不過老ㄕ打算直接略過那些戰役，直接談論接下來要說的主題：**長平之戰**。

當時秦趙兩國為爭奪韓國的上黨地區，於是在長平一帶展開戰鬥。趙國本來的統帥廉頗，眼看秦國士氣正猛，在吃了幾場小敗仗後開始堅守不出兵，與秦國展開兩年多的消耗戰。

趙王為此撤換廉頗，改用趙括為主帥領軍進攻，秦國則藉機換上白起，務求徹底擊敗趙軍。最終，白起成功包圍趙軍，並在擊斃趙括與二十多萬的趙軍後，俘虜了另外二十多萬的趙軍。據一些歷史學者的推論，他可能連帶俘虜了居住在上黨及長平的居民，使俘虜人數達到四十多萬人。

長平戰後，白起並未沉醉在勝利的喜悅中，他立刻把眼光投向下一個目標：趙國首都邯鄲。

此時的趙國，因為損失四十多萬兵力而空前虛弱，如果秦軍把握時機速攻襲擊，要將趙國首都拿下，甚至滅亡趙國都是很有機會的。問題是：要安置四十多萬的俘虜需要極大的功夫與時間，何況這當中還有二十萬對秦軍懷有強烈敵意的趙國軍隊，弄個不好隨時都會發生叛變。所以當部下詢問對待戰俘的方式，白起毫不猶豫地說：「全殺了。」於是，戰國策這麼記載：

誅屠四十餘萬之眾，流血成川，沸聲若雷。

在那場慘絕人寰的屠殺中，白起放走了二百四十名年幼者。當那二百四十名生還者將消息帶回邯鄲後，整個首都頓時陷入「子哭其父，父哭其子，兄哭其弟，弟哭其兄，祖哭其孫，妻哭其夫，沿街滿市，號痛之聲不絕」的絕望氣氛，完全喪失組織及抵抗能力。此時的白起，再度站上人生的顛峰，他又一次地獲勝並加緊整頓秦軍，準備取得唾手可得的勝利。他滿心期待秦王的同意，他有絕對的信心可以攻陷邯鄲！

然而，秦昭王給白起的批示是……不准！

隨著這道命令，白起的人生開始劇烈反轉，有道是：「顛峰之後，就是下坡。」但對白起來說，他在顛峰過後，卻直接面對了岌岌可危的懸崖。

殺神的殞落

身處前線的白起沒料到，戰場從來不只是面對眼前的敵人，同時也存在後方的朝堂之上。

當時秦國的文臣之首——相國范雎，眼看白起軍功赫赫，如果再創下滅亡趙國的不世之功，很有可能會取代自己的相國寶座，於是他建議秦昭王：「我軍損失也很嚴重，是否應該暫停軍事行動，先恢復國家元氣呢？」

雖然這個建議摻雜范雎的私心，可是從某些角度來看，卻甚得秦昭王的肯定。長平之戰前後耗時兩年多，在最後決戰時，秦國為了包圍趙軍，甚至將部分地區十五歲以上男子全都拉上戰場，這對農業社會無疑是巨大的人力耗損，當時的秦國很有可能已經消耗完國家的儲備糧食。

再加上，秦軍也有相當的耗損（白起曾在戰後指出「秦卒死者過半，國內空」），身為一國之君的秦昭王考慮國家整體的營運後，最終接受了范雎的建議，否定白起速攻的提案。

根據史冊記載，白起對於秦王的決策相當不滿，在接受停戰的命令後，白起立刻對外宣稱自己生病，而他的命運也自此急轉直下。

經過一年左右的休養，秦昭王決定繼續對趙國用兵，依照過往戰績及威望，白起是主帥的不二人選，但不巧的是，白起此時患病無法掛帥。秦昭王接下來做了一件事來表示他對白起的高度信任：秦昭王親自前往白起家，詢問白起攻趙的策略。

面對昭王的諮詢，白起回答：

「長平之戰後，我方因為前所未有的大勝已經出現輕敵的現象，趙國雖然大敗，但君民卻因此惶恐而戒備森嚴，甚至還跟燕、魏、齊、楚結為友好盟邦。所以雖然大王現在派出三倍於前的兵力，但我預料趙國的守備力量將是以前的十倍，加上對方外交成功，這時候千萬不能攻打趙國。」

秦昭王表示：「我不信！」依舊下令攻打趙國首都邯鄲，結果當然非常不順利，粗估秦軍損失了五萬人卻沒有任何成果。此時剛好白起痊癒了，秦昭王趕緊派人見白起，對他說：

「當年楚國土地方圓五千里，戰士百萬。您只率領數萬軍隊就攻下楚國國都，燒毀他們的宗廟，讓楚國人向東遷都而不敢抵抗。當年在伊闕，您率領的軍隊不及韓、魏聯軍的一半，卻大獲全勝。現在趙國極度虛弱，您過去都能以少敵多大獲全勝，更何況現在是以強攻弱、以多攻少呢？希望您趕緊領兵出戰。」

白起卻回答：

「當年楚王不修國政、大臣們黨派對立、百姓離心離德、城池欠缺修繕，所以我才能大敗楚國。伊闕之戰，韓魏兩國不能同心協力，所以我有機會集中精銳，出其不意地運用時間差擊潰敵軍。何況當初我們在長平大敗趙軍，我早就告訴你要趁趙國恐慌時消滅它。結果你不聽，以至於錯失良機，讓趙國得以喘息。現在趙國必定堅壁清野，我們無法迅速擊破他們的堅城，又無法在野戰掠奪到資源，時間拖久了，又會被與趙國同盟的諸侯國夾擊。我完全看不到此戰有任何勝算，所以我拒絕掛帥。」

然後使者一離開，白起又對外宣布自己生病了。

從事後的戰況來看，白起的分析太正確了！他不愧是「眼神銳利、分析準確、意志堅強」的不敗軍神。可是一向能接納臣下建議的秦昭王，反應是……大怒。

昭王怒吼：「沒有白起，我就不能消滅趙國嗎？」於是加派兵力繼續攻趙。結果先是部分援軍被趙國包圍而被迫投降，接下來當大軍包圍邯鄲後，又被楚、魏兩國的聯軍夾擊而遭受重創。

當戰況傳回到秦國，史書記錄下白起發表的言論：「秦王不聽我的意見，現在怎麼樣了？」雖然只是短短一句話，我都能想像到白起一臉得瑟又靠北邊的語氣，這句話傳到秦昭王耳中，他的反應自然是……大怒。

這裡我要中斷一下，我一再指出白起分析的正確，也一再指出秦昭王「大怒」的反應。但我也想讓大家明白：秦昭王是執政幾十年的君王，從他能啟用多名人才（包含白起），並能聆聽屬下建議制訂出正確的戰略（遠交近攻），看得出他是一個有眼光的人。

一個有眼光且有長期執政經驗的君主，為何會對一個屢立戰功、分析正確而且有長期合作交情的部下，見笑轉生氣呢？這個問題解答我先賣個關子，後面會跟大家解釋清楚。

內心仇恨值接近爆表的秦昭王，親自前往白起家中要求他出戰。從這點來看，秦昭王是真心相信白起的能力，從他能克制自己的情緒去追求最大的成功來看，這人也實在是個了不得的領導人。

不過此時的昭王語氣已經差到極點：「我管你有病沒病都要給我掛帥！破趙是我的願望，你最好幫我達成，不然我恨死你！」

聽聽這語氣，如果不先告訴我昭王此時已經七十歲，我還以為他根本是個中二小屁孩。

白起叩頭回答秦王說：

「出戰雖不會取得成功，但可以免於獲罪；不出戰雖然沒有罪過，卻不免會被處死。希望大王接受我的建議：放棄攻趙，先在國內養精蓄銳，等到趙國和它的盟友產生變故後再逐個擊破，何必那麼急著現在就要滅趙？我聽說君主會愛護自己的國家，而忠臣會愛惜自己的名聲，今天你攻趙，失敗的可能性極高，到時國家遭受的損失、士兵的戰死都將無法彌補呀！而且我寧願受重誅而死，也不願成為敗軍之將，希望大王能明白。」

以上的對話是白起最後一次對昭王提出的建議。

在此之後，先前做壁上觀的楚、魏兩國拚死相救趙國，在邯鄲城下大敗秦軍。魏國信陵君還趁勢組織聯軍反攻秦國，搞得秦國不敢交戰竟只能緊閉函谷關，當真是大出洋相損失國威。白起的分析當真精準得可怕。

可在當時，聽完白起建議的秦昭王，卻是一聲不吭地轉身離去，甚至隨即下令：「免去白起官爵，將其貶為普通士卒，並命其離開首都咸陽前往困苦的邊境之地。」

有道是：「趁你病要你命。」當白起拖著老病的身軀離開咸陽，有人決定給予他致命的一擊。相國范睢向秦昭王說：「白起對於他被流放非常不爽，一路上可是不停地碎碎念抱怨呀。」於是秦昭王派遣使者，賜劍給白起命令他自殺，也就造成白起問天自答隨後揮劍自殺的場景。

殺神殞落之謎

秦王為何要殺白起？除了范睢的死亡讒言，以及白起在邯鄲之戰期間時不時作死的囂張發言，還有其他的因素嗎？

如果有人對白起之死的解釋是秦昭王老糊塗了，這並不能算錯，畢竟從史書來看，秦昭王後來每次見到白起都處於憤怒的情緒中，這樣的情緒確實很容易做出衝動的決定。事實上，從秦昭王不查證范睢發言的真偽，他老人家應該真的是感情用事了。但這樣的解答似乎太過籠統，或許我們更可以進一步地問：白起有什麼樣的原因引發秦昭王的怒火呢？

老ㄕ的答案很芭樂：「白起的死不是因為他的能力，而是因為態度。」所謂的態度，不是說白起囂張，而是白起極端的「避戰」。

避戰本身不是問題，打仗哪有百戰百勝，依據不同狀況有時避敵之鋒芒也是常理，何況在邯鄲之戰，白起的避戰方針已經被驗證是正確的措施。可問題是，白起避戰還摻有非常嚴重的利己心態。

忠臣愛其名……臣寧伏受重誅而死，不忍為辱軍之將。

「忠臣會愛惜自己的名聲……（中略）……我寧願受重誅而死，也不願成為敗軍之將。」

這表示白起極度不願意自己不敗的戰績遭到破壞，而這樣的情形其實早有先例。

還記得老ㄕ曾說白起在伊闕之戰後，曾一度想攻打魏國首都嗎？但當時有一個叫蘇厲的辯士（他老哥是更有名的蘇秦）對白起說：

「楚國曾有一個神箭手叫養由基，有一次他表演射箭，結果百步穿楊且百發百中，所有旁觀者都拍手叫好，卻有一個路人說：『這小子射得不錯，不知願不願讓我再教教他？』

「養由基可不爽了：『大家都誇我的射藝，你卻說要教我射箭？聽你在那邊嘴！有本事就給我露一手！看能不能像我一樣百步穿楊且百發百中？』路人卻說：『我其實不是要教你具體的射箭方法，而是要教你如何懂得不爭一時之快。你的確百發百中，但卻不懂得適時休息，我看你再射下去，絕對會氣力不足，到時只要任何一發不中，你前面的百發百中在觀眾眼中就不值錢，只怕結局反而要被喝倒采了。』

「白起你此次出兵的確屢屢獲勝，但接下來，你還能率領已經有所損失的軍隊攻下魏國最堅固的大梁城嗎？到時萬一你吃敗仗，你前面所有的功勞及威望可就要大打折扣了。」

白起聽完蘇厲的說辭，馬上就對外宣稱自己生病，結束遠征魏國的行動。

姑且不論秦國攻下大梁城的成功率有多低，因為將領顧及一己之名聲就取消軍事行動，試問哪國君主不會動怒？白起此次裝病，連帶影響他在長平之戰後的信譽。長平之戰後，白起一樣對外宣稱有病，如果我是昭王，很難不讓人聯想到白起是否又因為愛惜名聲而故意推託。

從另一種角度來看，正因為勝算不高，才需要出動王牌提高勝算；就算最後失敗，有王牌坐鎮也不會敗得過於難看。結果白起身為軍方最高統帥，以及秦軍將士的精神最高支柱，一看有困難就認輸，先是拒絕君王私人交託，後再直接拒絕國家的徵召命令，這不僅影響軍隊士氣，還動搖秦王對軍隊的指揮威望。

試想以後秦軍將領遇到硬仗就逃，回過頭來卻說：「我是學白起呀！我國軍神都不肯吃虧，我又何必打硬仗呢？」你是秦昭王，做何感想？

因此秦王之所以對白起火大，是出於白起先有利己的避戰紀錄，後又不服君王的權威，於是白起必須死！

老ㄕ一己之見

白起是無辜的，《史記》記錄：「（白起）死而非其罪，秦人憐之，鄉邑皆祭祀焉。」所以他的死帶有一定的遺憾成分，而如果要老ㄕ選一個中國史上最令我畏懼的將領，我會毫不猶豫地說是白起。

中國歷史上，李牧、衛青、霍去病、鄧艾……這些一流的武將也是戰無不勝，但若和他們兩軍對陣，或許還會想說據險而守或是以拖待變；只有白起，遇到他是能走就走，甚至是不計代價地落荒而逃。因為落在他手上，不論是戰敗或投降，非但本人命喪黃泉，底下的士兵也會不得好死！

這是白起殺敵破百萬造成的心理效應，然而，這也是我對他毫無敬意的原因，以至於我看到他的結局時絲毫不覺得可惜。

伊闕戰場殺了二十四萬人，但陣亡都是士兵，將士上戰場難免死傷，既然入行了就要承受職業傷害，所以縱然兇殘，我無話可說。

在攻楚之戰中，白起殺戮了數十萬平民。但戰爭就是無差別的破壞，不分軍隊、平民、善惡，都會在當中受害；何況站在秦國將士的角度，深入敵境的他們若不獲勝就無路可活，為了爭取自己活命的機會，必須用上一切的手段，這當中還能顧得上道德嗎？所以即便我對平民的傷亡感到憤怒，考量到秦軍也得顧及自身的性命之憂，我也無話可說。

然而，白起在長平屠殺的四十多萬人，是在戰爭結束後進行的殺戮！對象除了已經失去戰力的降卒，還有很大一部分是平民，這場殺戮完全是可以避免的。更何況大家還記得白起臨死前說什麼嗎？

趙卒降者數十萬人，我詐而盡阬之。

你自己都知道自己的行為完全見不得光，可你還要做，做的原因還是因為想要成就自己的不世之功（趁勢攻打邯鄲），這種完全利己不顧他人死活的行為，讓人還有什麼話可說的？

白起的成功，是他做絕的殺戮；白起的失敗，也正是他凡事做太盡的態度。所以老ㄕ用一句話評價白起：「你是我心中不敗的最強戰將，但無法讓我有絲毫敬意。」

王翦

老夫做事很實在，拿錢就幫忙消災

我相信所有上過歷史課的朋友，基本都聽過「秦始皇」這一號人物。秦始皇的出名，在於他達成中國當時前無古人的成就：真正的一統中國。雖然很多人會說，秦國早在商鞅變法就已經崛起，更在秦昭王（也就是秦始皇曾祖父）的時代就已經獨霸戰國，所以秦始皇只是撿尾刀而已（而這當中的關鍵，正是白起的崛起以及長平之戰）。

但實際上，秦滅六國的過程仍舊充滿波折，當中若非一位秦國老將坐鎮，秦始皇是否能在十五年間終結亂世，那還真不一定。也正因這位秦國老將對於秦始皇，就如同白起對於秦國稱霸一樣關鍵，司馬遷在《史記》中就特地將兩人合併在同一列傳，那就是本篇故事的主角：王翦，一位在政治智慧上遠勝過白起的秦國老將。

統一六國的軍事世家

王翦，秦國名將，首度出現在史書是秦王嬴政時期，他的兒子王賁亦為秦國將領。在秦王嬴政滅六國的行動中，除了勢力最弱小的韓國是被內史騰領軍消滅外，王翦滅了六國中實力最強悍的趙、楚二國，他的兒子王賁則是滅了魏、燕、齊三國。秦國最終能掃六合平天下，這對父子檔功不可沒。

不過，很可惜的是：相較前代的秦國王牌白起，有關王翦的戰爭描述可以說相當簡略。

且先不提王翦的早期事蹟不詳，因為這點白起也一樣，王翦滅趙的紀錄，大概只有說他的進軍路線與他擊敗敵軍攻下趙國首都，這期間他甚至和另一位戰國四名將李牧對陣過。這段故事有開頭也有結尾，偏偏就是沒有過程。

少數能突顯王翦能力的詳述，也只有紀錄篇幅較多的滅楚之戰。

大將難為

楚國的實力在當時是什麼概念呢？它曾吞併數十國，是戰國七雄中占地最廣的強國。但在秦王嬴政的時代，秦國版圖已經超越楚國，所以在西元前二百二十四年，秦軍打趴韓、趙兩國確立北方戰場暫無威脅後，秦王決定發動滅楚戰役。

攻伐之先，秦王嬴政先詢問王翦：「將軍認為滅楚需要多少兵馬？」「滅楚非六十萬人不可。」王翦如此回答。此話一出，嬴政整個眉頭都皺了起來。

當時秦國在北方已屯有數十萬大軍準備進攻燕國，中路則有王翦之子王賁率數十萬大軍猛攻魏國。所以王翦要求的六十萬大軍是什麼概念？就是讓秦王將秦國僅剩的兵力，乃至全部家底都押上，這對秦國無疑是沉重的負擔。

「滅楚不過二十萬人！」青年派將領李信豪氣萬分地表示。

雖然有那麼一句「年輕人就是年輕人，太衝動了！」但事實上，李信在此之前曾隨王翦在北方大破燕軍，並僅率一千多人的部隊追擊燕國敗軍，將策劃「荊軻刺秦」的燕太子丹斬殺，可見他勇猛敢戰的強悍風格以及實力。而且李信的提案無疑是比較經濟的選擇，兩相比較下，王翦更是顯得怯意十足。所以秦王最終決定：「任命李信為二十萬征楚大軍的主帥。」

王翦隨後便表示：「我病了，想退休了。」

在戰國，「病了，想退休」是將領們的行話，真正的意思其實是：「不聽林北的，林北感覺不尬意，他喵的我不幹了！」對此秦王表示：「您老也辛苦了，准您退休。」（真正的意思：老頭！敢跟我叫板？老子叫你滾蛋！）

我們後人看歷史，可以綜觀結局並且知曉結果，很容易用上帝視角去評論古人當下的決定。但如果先屏蔽結果，並調查古人當時所身處的環境，往往能看出古人做決定的關鍵。就好像王翦及李信之爭，王翦之所以落敗的原因，除了前面所提：成本耗費過重，如果放眼整個秦國政局，秦王讓王

王翦。

翦回家退休的原因，可能並不單純。

做為頭號王牌將領，王翦在秦軍的威望之高，不言可喻。而在滅六國期間，王翦曾是北方軍的主帥，兒子王賁掌握了中路大軍，若再讓王翦掌握包含南方以及鎮守中央的六十萬部隊……若你是秦王，難道不會害怕這對父子嗎？有道是「雞蛋別放在同一個籃子裡」，王翦家族在秦軍的勢力已經是一枝獨秀，為了以防萬一，秦王選擇打壓王家，並培植其他勢力去平衡軍方派系間的力量，其實是頗為必要或高明的帝王之術。

可惜，李信接下來的戰績不但破壞秦王的理想，還嚴重影響秦國滅六國的進展。初期李信進展頗為順利，但之後卻被楚軍偷襲後路，被前後夾擊導致秦軍七個都尉被斬殺，二十萬大軍估計損失了一半。楚軍還趁機逆襲，開始攻打秦國領土，這讓主力軍已經外調至遠方的秦國受到莫大威脅。

在情勢危急的形勢下，秦王嬴政做了一個成功的領導應該要做的事情：勇於認錯，視情況調整方向。他親自去到王翦的退休住所，軟硬兼施地請求王翦重新出山攻討楚國。

王翦表示：「一定要給我六十萬人。」

秦王這下也知道楚國不好惹，六十萬實在是必要的條件，於是爽快答應。

故事進行至此，王翦雖然重獲官位而且贏得秦王的支持，但實際上，他的心理依舊壓力如山大。

英雄的自保之道

「飛鳥盡，良弓藏；狡兔死，走狗烹。」閱讀歷史的看官，想必對上面這句話再熟悉不過。自古君王皆愛人才，但卻又害怕人才叛變，於是往往在階段性任務結束後，立刻對本來奉若嘉賓的人才翻臉。歷史上這種案例多得不勝枚舉。

韓信為漢高祖劉邦屢破強敵，最後卻在劉邦的授意下受五刑而死。（先在臉上刺字，後削掉鼻子，再斬左右的腳趾，用木棍扁一頓後斬首……我的老天，這死得也太慘了！）文種為越王勾踐獻上破吳七策，在吳國滅亡後，勾踐卻賜給

李信征楚。

昔日的「股肱之臣」一把劍要他自殺。更絕的是明太祖朱元璋，藍玉大破蒙古，他殺藍玉；傅友德為他平定雲南，他逼殺傅友德；廖永忠為他轉戰東南，他殺廖永忠……

而在王翦之前，秦國也存在白起被逼自殺的案例，而且這兩位老兄還都裝過病，套路可以說是一模一樣的。所以王翦此次出征，打不贏，那自然完蛋；但打贏了，他也不一定有美滿的結果。

電影《功夫熊貓3》中的小熊貓師傅曾說：「比起華麗登場更重要的，是華麗退場。」用文青一點的說法，那就是「高處不勝寒」。人才賣命的同時，如何保住自己的一條老命，老ㄕ自己參考一些成功案例，歸納出幾種不同的類型。

一種是小心謹慎型，代表人物是唐代的郭子儀。

郭子儀本為朔方節度使，是歷經玄、肅、代、德四位皇帝的老臣，不但因擁有再造社稷之功而封王，連唐德宗都尊稱他一聲「尚父」。軍功、王爵、宿將，這些固然是郭子儀的威風，卻也足以讓所有掌權者忌憚三分進而引發殺機，那郭子儀是如何得享富貴而善終呢？答案是……小心做人，忍辱負重，居安思危。

郭子儀的兒子與媳婦吵架（也就是唐代宗的女兒），結果郭子儀立刻把兒子給綁了並向皇帝請罪，這叫小心做人。郭子儀的祖墳被宦官魚朝恩刨開，這對重視祖宗的古人是不共戴天之仇，但郭子儀吭都不吭一聲，這叫忍辱負重。一個小官盧杞來拜見郭子儀，但已經權傾天下的郭子儀為了避免小老婆們笑盧杞醜怪而得罪人，竟然刻意叫家人迴避，即便居高處仍在每一次待人接物上慎重，這叫居安思危。

無怪乎後世如此推崇郭子儀，除了做人有智慧外，每天還得如履薄冰地提高警覺，並長時間維持高度的自制，這當真非一般人能做到。

另一種是劃清界線型，代表人物是馮異。

馮異是東漢光武帝的手下大將，他最大的特點就是從不誇己功，當大部分將領聊天吹噓自己的功勞，他老兄通常獨自坐在大樹下話都不吭一聲，因此被人稱為「大樹將軍」。馮異這種選擇徹底和權力切割的表現方式，或許是一般人較有可能學習的方式，具體做法就是：我只對被交付的事情及該負的責任行動，其他一切啥都不過問也不參與，使掌權者相信自己一點威脅也沒有。

事實上，馮異有次被謠傳權力過大，簡直像是「關中王」，嚇得他趕緊向皇帝解釋，但皇帝卻回覆：「我對你有超越君臣間的信任，你幹嘛害怕？」可見馮異受信任的程度。馮異的做法，道理雖簡單，但實施起來卻非常有難度。畢竟人天生有希望被認同的傾向，就算不吹噓自己，假設是他人侵占了自身利益，那也不能吱聲，因為只要一做釐清的動作，那也等於在炫耀自己，昔日一切的努力也就功虧一簣，所以哪怕被人占便宜也只能認栽。

說到底，雖與郭子儀模式不同，但一樣都要把事情做絕，所以真正能貫徹始終的人也不多。

最後一種是擁抱權力型，代表人物就是本篇的主角王翦。

所謂擁抱權力，首先是爽快承認唯利是圖，但我圖的是蠅頭小利，而且自己獲利的方式就是和統治者綁定在一起，所以我獲利，君主也能跟著獲利，甚至還能讓君主擁有穩定可控的收買途徑。

當王翦答應出山征討楚國，秦軍首先在灞上進行閱兵儀式，之後準備開赴戰場。秦王親自相送王翦出征時，王翦表示：「有要事稟告。」

秦王慎重地聆聽，只見王翦說：「這個嘛……我覺得我們家田太少、屋子也太小，王上可不可以給我們良田豪宅呢？」

秦王聽完立刻仰天大笑：「還以為有啥要緊的，原來就這種小事？行了，立馬給田給屋給錢，好處少不了你的！」

除了要錢，王翦其實在出發前還跟秦王抱怨：「你看看，老夫為秦國征戰多年軍功無數，卻連個『侯爵』都沒拿到手，王上是否能讓我完成封侯的願望呢？」秦王沒有馬上答應，只告訴王翦若能擊敗楚國，封侯不在話下。王翦聽了這話，立馬像打了雞血似地興奮，如此醜態讓秦王頗有輕視之心。於是君臣在一番近似鬧劇的交談後，王翦從灞上率軍出發前往函谷關。

從灞上到函谷關，兩地相距約二百公里。看著挺遠，但大概也只要五、六天的路程。然後王翦在這當中竟然五次派人向秦王傳話，內容則是：

「王上，說好給我田以及房屋，那可都要大大的喔！」「王上，我真喜歡我們家以後成為土豪，尤其想要我子子孫孫能坐享豪宅、躺著生活，答應給我的好處可別忘了！」「王上，我打下楚國真的要給我封侯，老夫就盼著封侯，這才有面子呀！」……

「將軍！你這樣一直提要求，會不會太過分啦？」

已經聽煩王翦傳話命令的部下，實在看不下去自己的上司竟然像惡狗搶屎般地漫天要求。這時王翦卻誠懇地說：「秦王生性多疑，我卻帶領幾乎全國的兵馬，如果我不表示自己要錢而且想要讓子孫變成富N代，秦王能放下對我的質疑嗎？」

統治者其實未必怕部下貪婪，怕的卻是自己根本不清楚部下的意圖，只要懷疑開始出現，「君臣不可疑，疑則為亂，故君疑臣則誅，臣疑君則反。若臣疑於君而不反，復為君疑而誅之；若君疑於臣而不誅，則復疑於君而必反。」的情況將使君臣兩敗俱傷。

王翦提的良田美宅，在秦王看來根本是不值一提的小利，如果給錢就能收買人心，何樂不為？王翦此舉不但讓秦王感到自己有明確收買王翦的手法，這更是一種威望上的自殘。

統治者怕的是部下比自己優秀，所以當部下暴露出自己的缺陷，統治者反而會因為自己掌握了部下的要害，或是能有凌駕部下的優勢而安心。這類最著名的案例，莫過於漢朝時期的蕭何了。

漢高祖十二年秋天，當時九江王英布造反，劉邦率兵親征並讓相國蕭何留守長安處理國政。平亂過程中，漢高祖劉邦屢屢遣使問相國在做什麼，蕭何表示：「願謹守本分以奉公，並捐獻私人家財充作軍需。」奉公守法、無私奉獻、處理國務井井有條，按理來說，蕭何於公於私於德都完美得無可挑剔吧？

但有人向蕭何說：「我看你家距離滅族不久了！你以相國居功第一，陛下再沒有什麼能封賞於你；你進入關中以來，已得到十多年的好名聲，百姓依附你，你卻仍不斷善待百姓。陛下之所以詢問你，就是怕你太得人心，之後會趁機煽動關中百姓造反。所以你不如強行購買人民的田產，再放高利貸，如此自毀名聲，主上才會安心呀！」

蕭何聽從勸諫，等到劉邦聽說蕭何的惡行惡狀，他的反應是……開懷大笑。「這老小子原來也是個貪官，那要對付他還不容易？」懷著滿滿自信，劉邦拿著百姓的陳情，卻笑著調侃蕭何：「相國你真是『造福人民』啊！還不快點認錯？」哪知蕭何卻說：「是我不對，百姓日子不好過我卻想著貪汙，真的是有錯。我想如果要解決百姓困苦的問題，不如讓百姓耕作上林苑（皇家使用地）沒有使用的空地吧！」

這個利國利民的建議一提出，劉邦的反應是……大怒！「你這個老傢伙找機會就要收買人心！把他給我關進牢裡，要他好看！」

覺得以上這些領導人很豬嗎？如果純粹以效能而言，這些領導人的想法自然十足有毛病。但當對外競爭的壓力削弱時，領導人追求的是掌控、穩固內部的權威，於是我們看到，不論古今中外、任何領域，都在上演一幕幕的權力遊戲。

太史公之見

王翦精心扮演一個唯利是圖者的同時，打仗也絕不含糊。他統領六十萬秦軍抵達前線後，整整一年堅守不出。無論楚軍如何挑釁，他只是自顧自地讓部隊休養生息。後來楚軍進行調動之際，王翦抓準破綻迅速出擊大破楚軍主力，之後吞併楚國並南征百越，他也因功晉封武成侯。

做為一名將領，王翦曾擊敗強敵楚趙二國，南征外患百越，這已足夠證明他自身強悍的實力。要說有什麼遺憾，大概就是他已經握有太多戰略上的優勢（也就是秦國強大的軍力），所以他的戰術指揮能力缺少亮眼的表現。但與白起、李牧被逼自殺，廉頗晚年無所作為地客死異鄉，王翦顯得格外有求生欲，生存智慧也高。他選擇犧牲部分的尊嚴，換得他本人和家族的榮華富貴，簡直是成功學的代表人物。

不過史家司馬遷對王翦頗有異議，他覺得王翦位居高位卻不懂得勸誡秦始皇，於德行上有虧。我本來很想說司馬遷過於苛責了王翦，但當我想到司馬遷本人，他勇於記錄歷史並在朋友有難時仗義執言，直接硬懟領導人，最後落得宮刑的下場。在直言不諱這一點上，司馬遷是真正地身體力行，他指責王翦，完全說得過去。

寫到此處，王翦到底對我們這些後人有何意義呢？我認為王翦的故事意義就是：「選擇」。我們總在現實生活中面臨選擇，而當我們選擇某些選項，同時代表我們必須放棄一些事情。王翦選擇求生與富貴，放棄了尊嚴；司馬遷選擇了尊嚴，放棄了地位，甚至是自身身軀。

沒有說誰優誰劣，但人生要過，所以必須要選擇及捨棄；選了哪一條路，無論好或壞就必須走下去。很無奈嗎？或許很多時候，我們都很無奈，但有一點倒是可以自己決定的，那就是一句老話：「愛你所選。」而如果你夠幸運，或許還能完成此話的另外一半：「選你所愛。」

王翦番外篇

李信打敗仗之謎

在王翦的文章中，老ㄕ有提到一件事情。當秦王決定伐楚時，王翦認為需要六十萬大軍才能搞定，李信則認為只要二十萬就好，結果秦王決定任命李信伐楚。而李信在最初打了幾場勝仗後，卻被楚軍大敗，搞得秦王必須請王翦來收拾亂局。

單純看以上的敘述，我想許多人會覺得李信過於驕傲，這才使得他被擊敗。這個原因不能說是錯，但如果仔細研究，卻又發現實際情況可能並沒有那麼單純。而這也是老ㄕ一直以來推廣歷史的一個重點：試圖將過於簡化的結論，進行一番梳理，而後對於同樣的結論會有不同的看法。

我們首先來看李信攻楚的狀況，最初他與合作夥伴蒙恬，各率領一支部隊往東打，從今日的河南一度攻到今日的安徽，進展可謂迅速又凌厲。

可接下來，李信突然掉過頭往西邊進軍，並和蒙恬合兵。當李信往西而行時，楚軍尾隨秦軍三天，最終發動突擊大敗秦軍。

這不是很奇怪嗎？李信為何在攻勢順利情況下，突然折返？

按常理推斷：這是後方出問題了。所以李信不得不先回師救援，甚至還必須趕緊和蒙恬會合，務求集中兵力，在後勤系統出問題前盡快搞定這來自後方的意外。可惜，楚軍也不是吃素的，他們抓住秦軍不穩之際，前後夾擊已經深入楚境的秦軍，導致秦國損失慘重。

這時又有一個問題：秦軍的後方出了什麼事？

根據《史記》的描述，配搭後來在湖北睡虎地秦墓的紀錄，本該負責攻楚國大軍後勤的秦國大臣昌平君，突然叛秦，切斷李信大軍的補給線。

昌平君是何許人也？如果有看過小說《尋秦記》的朋友應該知道：昌平君是協助秦王嬴政奪得實權之人。這下可就更奇怪了，以昌平君仕秦良久的經歷，怎麼就突然叛變了？

很可惜，目前沒有任何史料記錄昌平君的企圖或思考，這個問題問到此，也真的就斷線了。不過最起碼，我們可以回應最初李信兵敗的結論：或許李信的確推進速度過快，但若非後方不穩，他也不至於敗得如此慘烈，可以說李信要為敗仗負最大責任，但卻非全部責任。

也因此，為何王翦率領六十萬大軍卻是步步為營，甚至在最初根本是按兵不動。因為除了吸取李信快攻的失敗前例，或許更重要的原因是，王翦當時正在建立一個足夠穩定的大後方，好確保這次不會再有人從背後捅他刀子、搞破壞。

最後還是不得不感嘆，研究早期歷史的不方便之處。

當初秦滅六國，結果抹殺絕大多數的六國各自紀錄。秦朝雖然後來有記錄下完整的秦國歷史，但等到項羽攻破秦都咸陽，一把大火，將秦朝本身的紀錄破壞殆盡。

於是在我寫戰國四名將的時候，除了白起，其他三人的戰場描述當真是少得可憐（而白起之所以在史記留下較多的篇幅，我猜測，可能是因為史記的作者司馬遷，他的祖先曾經擔任過白起的副將，因此司馬遷在依據家族紀錄的狀況下，才記錄下較為完整的白起也說不定）。也因此，我越加能夠了解，為何每次有古蹟被發現，歷史工作者會如此興奮的原因，那是因為說不定有機會補上歷史紀錄的空白之處。

話說前面提到的「湖北睡虎地秦墓」，也就是以前秦朝的地方官，或是一些平民老百姓，他們曾經寫過一些竹簡。那些近乎生活瑣事的文字，現在卻是珍貴的歷史紀錄。這不禁讓我好玩地想：「說不定我們這些平凡人的日常紀錄，會是後人眼中寶貴的研究資料呀！」

廉頗

高齡戰將本事大，毛病忌諱也不少！

有道是：「老將出馬，一個頂倆。」年輕力壯的小夥子雖然活力十足且充滿可塑性，但有時經驗豐富的老江湖更令人感到畏懼。說起「老將」，中國文化的最知名代表莫過於三國的黃忠，這也多虧小說《三國演義》的描寫，其中有一段描述黃忠「兩臂尚開三石之弓，渾身還有千斤之力」，而且「取架上大刀，輪動如飛；壁上硬弓，連拽折兩張」，上述文字呈現一位經驗豐富的老將，還擁有不輸少年時期的氣力，當真是逆天的存在。

不過正史的《三國志》其實並沒有記錄黃忠的年齡，黃忠的老將形象比較像是小說作者為了強化角色形象而硬塞的哏。但是小說中的老將黃忠曾說：「昔廉頗年八十，尚食斗米、肉十斤，諸侯畏其勇，不敢侵犯趙界。」倒是點出戰國歷史中存在一位直到老年依然健壯異常的大胃王老將——廉頗。

在中國歷代的人物描寫中，廉頗的知名度頗高，像是有成語：刎頸之交、負荊請罪，描寫廉頗的經歷。傳統戲劇中也有一齣「將相和」來專門講述廉頗這兩段故事。而南宋詞人辛棄疾寫下「廉頗老矣，尚能飯否」的名句，進一步昇華及流傳老將的知名度。

究竟這位老將代表有何人生經歷呢？且讓我們看下去。

種下心結

廉頗的早年事蹟不詳，但司馬遷在《史記》的列傳一開始就說他是「趙之良將」，可見他在戰績上有不俗的表現，這其中又以他參與各國聯軍攻齊的濟西之戰最為著名。

在此之後，有關廉頗的詳細紀錄，第一條是在西元前二百七十九年的秦趙澠池之會。當時秦昭襄王邀請趙惠文王到秦國境內的澠池商談同盟事宜，收到消息的趙惠文王表示：「慘了！」

原來秦昭襄王在二十年前，就曾邀請楚懷王商量同盟事宜，後來卻是綁架了楚懷王，並趁機攻打一片混亂的楚國，而楚懷王本人則在秦國被關到死。有這麼一個前科存在，趙惠文王根本不想參加這次的會盟。

但此時，廉頗與上大夫藺相如表示：「你要是不去，那就表示趙國國力衰弱，到時秦國會更肆無忌憚。」於是，為了國家的面子，也為了杜絕秦國興風作浪的機會，趙惠文王還是無奈地參加澠池之會。

在前往秦國的路上，廉頗率軍護送趙王到邊境，在趙王準備邁出他勇敢的第一步時，廉頗表示：「我估計這場會盟三十天內就可以結束，但如果你超過三十天還不回來，請你准許我們立太子為王。」（這句話的意思是：我怕你回不來了，留個預防措施吧。）

如果我是趙惠文王，去一個有綁架前科的國家已經夠皮皮剉了，結果底下人還一副認定自己一去不復返的樣子，要人交代後事，情何以堪！雖然這顯示廉頗並非局限在戰場的一介勇夫，而是擁有大局觀的大將之才，可如此直截了當的發言，換作是我，只怕三字經早就狂噴而出。

不過趙惠文王按捺住自己的不滿，回答：「准！」

澠池之會最終在藺相如機敏反應下，趙國沒有讓秦國占到便宜，並維持了國家威望。回國後的趙惠文王認為藺相如功居第一，因此讓藺相如升官，地位超過了廉頗。

此時，廉頗感到心中的一股火……要爆了！

「澠池之會是因為我率大軍威嚇秦國做為後援，這才使國家維持了威望。藺相如只憑著一張嘴，有什麼實際功勞？何況他的地位本來卑賤，讓這麼一個人位居高位，我不服！」

除了公開表示輕蔑，廉頗還放話表示，自己要是當面遇到藺相如，一定要給他好看。

對此，藺相如表示：「那我就躲著廉將軍吧！」

從此以後，藺相如盡量避免在朝中和廉頗見面，甚至路上聽到廉頗的車在附近，就命車夫立刻改道。眼看堵不到人，廉頗就慫恿自己收養的門客對藺相如底下的門客找碴。對於藺相如的退讓，許多人表示：「你就這麼害怕廉頗嗎？」

藺相如只是淡然回答：「當日在秦國澠池，面對秦王以及他的衛士我都沒在怕，我還怕一個廉頗？我忍不是因為怕，是為了趙國。廉頗是我們的良將，是趙國的倚仗，如果我的忍讓可以使他保趙國平安，面子這東西何足掛齒？」

真正的強大不是可以為所欲為，而是能控制自己有所不為。

廉頗後來聽到藺相如的言論時，感到十分震驚，他意識到自己的境界在藺相如面前何等地渺小。於是他脫光上衣，上身綁好若干樹枝，來到藺相如面前表示：「對你的胸懷，我徹底地服氣，我以前對不住你，現在任你處置。」藺相如立刻解開樹枝表示：「廉將軍何必如此，過去的就讓它過去吧！」從此兩人言歸於好，並成為歷史上著名的刎頸之交。

廉頗：高齡戰將本事大，毛病忌諱也不少！

力挽狂瀾

之後幾年內，廉頗攻伐齊國、魏國，皆大勝。然後在西元前二百六十一年，廉頗率二十多萬趙軍參與了長平之戰。開戰初期，廉頗吃了幾場敗仗，之後退守百里石長城固守，開始與秦軍長期對峙。雖然廉頗的表現頗為「落漆」，但再強的能人也有失常或是狀況不佳的時候，所向披靡固然是眾人對王牌的期待，但所謂的王牌，不也需要有在逆境中依然能穩定局面的堅強嗎？所以廉頗雖是小敗，最終還是保存了趙軍主力並止跌回升地與秦軍抗衡。對我來說這也是另一種名將風采。

可惜，廉頗的固守戰術與趙孝成王急於求勝的思考不同，而觀看廉頗先前說話直接、個性火爆的紀錄，只怕這期間他頂撞上級的次數沒少過，再加上趙國確實無法再堅持武力對峙，於是廉頗被撤換，連帶導致長平之戰四十多萬趙軍全軍覆沒的慘況。

對於趙國來說，長平之戰是個悲劇；對於廉頗來說，未能領軍到最後是個遺憾；但對於廉頗的前途來說，長平之戰的結局卻讓他有了出頭的機會。

西元前二百五十一年，趙孝成王十五年，燕國派遣丞相栗腹出使趙國為趙王祝壽。誰知栗腹在回國後竟向燕王表示：「我看趙國的青壯年男子都在長平之戰中被秦將白起坑殺，現在趙國淨是沒有作戰能力的孤兒寡婦，乘此良機攻趙必勝！」於是燕王決定：「發兵六十萬，分兩路大軍攻打趙國！」

六十萬是什麼樣的概念？即使身為戰國後期第一強國的秦國，大概也只有三次派出六十萬以上的大軍（其中有一次就是長平之戰），可見燕國這次是豁盡全力地趁人之危。

趙孝成王急令廉頗統兵抗擊，但能給廉頗調動的可用之兵，卻只有十萬人出頭。當時燕國有二十萬人馬正在進攻趙國北方的代城，另外四十萬主力軍正直撲趙國首都邯鄲。依帳面資料來看，趙軍完全不是燕軍的對手，但廉頗卻說：「燕軍雖然人多勢眾，但主帥驕傲輕敵，而士兵長途跋涉已經疲乏，我必將他們一舉掃平！」

廉頗於是派遣另一名將領樂乘率軍五萬支援代城，並吩咐他盡量吸引北方二十萬燕軍的注意力，讓他們不能南下和燕國主力軍會合。他自己則率軍八萬在邯鄲北方的「鄗」迎擊栗腹率領的四十萬燕軍。面對人數稀少而且前不久遭到重大打擊的趙軍，栗腹的必勝感爆棚，但他卻忽略了很多重點：

一、趙人為了捍衛自己的生命財產可謂拚命至極。

二、燕國趁人之危的舉動讓趙人仇恨值爆表！

三、趙人因位於四戰之地，所以擁有豐富的戰鬥經驗。

四、有一個人叫廉頗。

歷經一番激戰，廉頗擊潰燕軍，並將主將栗腹斬殺！

正在北方攻打代城的燕軍接到這個消息，立刻軍心大亂，負責支援的樂乘乘此良機，率趙軍大破北路燕軍，俘虜其主帥。這還不是結局，廉頗接著率軍追擊敗軍，甚至直接包圍了燕國都城薊。燕國最後只能割地投降，在這場鄗代之戰後，趙王封廉頗為「信平君」。正好此時，擔任相國的平原君趙勝剛過世，趙王就命令廉頗擔任代理相國暫理國政，老將廉頗因此爬到他一生中最高的位置。

老將出逃

西元前二百四十五年（趙孝成王二十一年），廉頗攻下魏國的繁陽，由此證明老將功力依舊犀利。但也在同年，趙孝成王去世，引發了繼承者之爭。部分大臣支持由在秦國當人質的世子回國繼位，但郭開卻擁護公子趙偃且在最後勝出，趙偃成為新一代趙王（後世稱為趙悼襄王）。隨後趙悼襄王決定：「任命樂乘取代廉頗的職位。」

代替廉頗成為趙國頭牌將領的人選，這位樂乘究竟是何方神聖呢？

樂乘第一次於史冊登場是在《史記·趙世家》。大約是在西元前二百七十年，趙惠文王在位時期，秦國進攻趙國的閼與。當時趙惠文王詢問廉頗及樂乘是否能救援，結果他倆一起回答：閼與距離過於遙遠且道路狹長不利用兵，建議趙王不要救援。但後來趙奢卻持反對意見，並且率軍擊破秦軍，狠狠打了他倆的臉。

接下來是西元前二百五十六年，樂乘曾率領軍隊擊敗秦將王齕（也就是日後長平之戰初期的秦國主將），可見他頗有實力。

再接下來的紀錄，可就讓老ㄕ感到錯亂了。

因為根據《史記・樂毅列傳》記載，西元前二五〇年，燕國攻趙，也就是之後讓廉頗揚名的鄗代之戰，樂乘竟然是以燕國將領的身分參與了攻趙行動，然後在這場大敗中被廉頗俘虜。隨後，樂乘賭爛燕王不聽自己的建議，於是憤而降趙，並擔任帶路黨的角色，和廉頗一路殺奔至燕國首都。為了表揚樂乘的投靠，當時主政的趙孝成王封樂乘為武襄君。

可是在《戰國策》的紀錄，樂乘在鄗代之戰本就是趙國將領，除了接受廉頗的指揮外，還帶領一軍擊敗燕國攻趙的北路軍。

這麼看來，《史記》跟《戰國策》的紀錄當真是差很大，甚至《史記》本身就有記載上的落差（一下是趙將，一下是燕將）。不過樂乘之所以身分複雜，原因是來自一個關鍵人物——樂毅。

前面的章節提過，樂毅本為趙將，但卻被燕國重用；之後率多國聯軍KO了東方第一強國的齊國後，卻被新上臺的燕王懷疑，因此出逃到趙國並從此遊走在燕趙兩國之中擔任溝通協調的角色。

樂乘正是樂毅的族人，所以如果樂乘在《史記》中出現「朝為趙將，暮為燕將」的情況，其實是可以理解的，畢竟樂家本就有遊走燕趙兩國的先例及習慣。但是關於樂乘在鄗代之戰，究竟一開始是屬於燕國還是趙國？《史記》及《戰國策》卻出現截然不同的記載，那到底哪一個比較正確呢？答案是……我也不知道。

好的，在大家想扁我之前，請容我解釋一下。

首先，不知道就真的只能說不知道，做為一個描述歷史的人我不能瞎掰。再來，無論是《史記》還是《戰國策》，都有苦於史料不足因此只能精簡紀錄的狀況，也就是說：連司馬遷、劉向都未必有肯定答案。我們只能期待未來有新的考古資料來證明對錯，舉個例子說明：曾有人懷疑孫子及孫臏是同一個人，因此懷疑司馬遷說孫子與孫臏是不同人的正確性，但等到新的考古竟然挖出《孫臏兵法》，《史記》的正確性才獲得證實。現在大家應該能明白，為何挖出古蹟或文物時會讓相關領域的文史工作者興奮個大半天了吧？因為太多疑問可能就此迎刃而解了（但也有反而搞得更混亂的情形發生）。

雖然史料上的紀錄有所衝突，但我個人得出一個結論：樂乘的資歷比不上廉頗。

除了廉頗本身資歷雄厚，他服事過趙武靈王、趙惠文王、趙孝成王三代君主，並貴為代理相國，樂乘甚至擔任過廉頗的下屬。所以論資排輩，新任趙王的命令確實多少讓人難以感到服氣。

那為何樂乘能取代廉頗的地位？史料沒有敘述趙王的考量，但從一些蛛絲馬跡中可以揣測。

一、樂乘的抗秦戰績：前面提到，樂乘曾經贏過秦將王齕，而廉頗在長平之戰曾敗於王齕。或許新任趙王的目標是抗秦，所以重用戰績相對更優的樂乘？

二、廉頗得罪新任趙王：在司馬遷的敘述中，特地把趙悼襄王的即位經過放在《廉頗列傳》之中，或許他是想暗示：廉頗在這場繼承人之爭中站錯邊，這才得罪新任趙王因此被降職。

以上純屬推測，不過司馬遷倒是很肯定地記錄廉頗接到命令時的反應：他感到心中有一股火……要爆了！

「樂乘有哪一點比得上我？林北要給他好看！」

於是廉頗率軍攻打樂乘，還沒搞清楚狀況的樂乘哪裡是宿將廉頗的對手？立刻落跑保命去也。發洩完怒氣的廉頗，隨即意識到：「闖下大禍了！」於是他決定：「我也落跑去也。」隨即跑到魏國尋求政治庇護了。

廉頗：高齡戰將本事大，毛病忌諱也不少！

我思用趙人

來到魏國的廉頗雖受禮遇，但另一方面也是遭到冷凍而無所作為。若干年後，趙國屢敗於秦國，趙悼襄王想起廉頗這位昔日的頭號王牌，於是派使者請他出山。想要有所作為的廉頗為了顯示自己老當益壯，當著使者面吃下一斗米、十斤肉，並披甲跨馬到處奔跑。

這裡的一斤，大約是二百五十公克，廉頗一餐吃二千五百公克的肉是什麼概念？一盎司大約二百八十點三公克，也就是說：廉頗光肉就吃了大約八十九盎司……我的天呀！

重點是廉頗吃了那麼多，還可以立刻進行極為消耗體能的騎馬運動（老ㄕ要是吃撐了去運動，大概動幾下就要吐滿地了），而此時的廉頗估計早超過六十歲，說不定都上看八十歲了，竟然還有這麼好的胃口？大家有看過幾位老人家能吃這麼多？可見廉頗平時就維持極大的體能鍛鍊，才可以如此輕鬆進食，補充熱量。

但遺憾的是，這位使者卻已經被廉頗的政敵郭開收買了。當使者回國後，趙王問他：「廉頗狀態如何？」使者說：「他當著我的面，吃了一斗米、十斤肉，並披鎧甲騎馬演練戰技。」

「這廉頗行呀！」沒等趙王開心多久，使者又說：「但他吃飯時，連上三次廁所（意思就是：大小便容易失禁）。」趙悼襄王的臉頓時垮下來：「廉頗是真的老了，這樣的身體豈能為將呢？」於是決定不起用廉頗。

後來楚國派人拉攏廉頗，廉頗就前往楚國為將。老驥伏櫪，志在千里，要我形容此時的廉頗，很像是已經功成名就卻仍爭取機會在場上奮戰的資深職業運動員。

「我的成就不是以前一座座的獎盃，我的成就來自眼前證明我實力的勝利！」

但很可惜地，轉投楚國的廉頗還是沒機會立下特別功績。這時的廉頗除了感嘆自己的無所作為，更像一些運動老將，希望自己能在感情最深的球隊或家鄉舉辦退休儀式；想起曾經的家鄉、滿懷感情的故國，轉戰過三國的廉頗慨嘆：「好想再被趙國任用呀……」然後他就死於楚國。

老ㄕ一己之見

身為一個屢遭打壓，最後只能在異鄉鬱鬱而終的老將，廉頗的悲劇形象讓無數後人發出感慨。但綜觀廉頗的一生，我卻覺得：「這人難相處呀！」

做為一名將領，廉頗帶兵實力之高無庸置疑，但他個性暴躁且不甘居於人下的作風，卻讓他很難與同僚和衷共濟。起先，他與藺相如競爭，幸虧藺相如是一個偉大的妥協者，以退為進地讓廉頗服氣。但在樂乘事件中，廉頗卻再度爆發，輕率地發兵挑起內戰。或許樂乘在能力上真的不足以取代廉頗，可你把他打跑，自己又一走了之，這又算什麼？根本是不顧大局又不負責任的行為。

「能用眾力，則無敵於天下矣。」

無論在哪一個時代，與人協作的能力，往往決定高度或結局。廉頗那無法自制的火爆脾氣，恐怕讓當時與他共事的人頭痛不已，無怪乎他在楚、魏兩國難有作為（因為太難搞），更因闖下大禍而難歸故國了。

「最難戰勝的敵人，往往是自己」，這句話絕非空話。有道是「江山易改本性難移」，人改善自己的習慣，很像是希臘神話中每天要推石頭到山頂，但因為被天神種種惡搞而累個半死，卻依然失敗的悲劇人物薛西弗斯。我們很多時候立志改變自己的壞習慣，但後來卻又失望地發現自己似乎依然故我。

廉頗之所以幸運，是他有能力，也有讓他能夠一展長才的舞臺；不過廉頗的結局，卻也是源自於他的缺點——情緒管理。雖然終其一生，廉頗未能克服自己的弱點，以至於結局讓人唏噓不已。但直至晚年，廉頗仍散發著驚人的鬥志，持續奮戰，我想這對我輩後人來說也是一種鼓舞。

即便成功機會少，失敗經驗多，但每一次嘗試的經驗卻有其獨特的意義。這或許也是廉頗的老將形象在後世持續流傳的原因吧？

李牧

沒有敵人能打敗我，我只能被自己人打敗！

能成為一個正面形象的名將，非常不容易。

以戰國四名將來說，廉頗給我的印象就留下了一些瑕疵，因為他老兄有過吃敗仗的紀錄（也就是在長平之戰中小輸給王齕後被迫採取守勢），因此在四名將中的戰績表現最居下風。

王翦雖然所向無敵且有滅六國的戰績加持，但由於有著秦國在當時絕對的戰略優勢護航，總感覺他獲勝得理所當然，以至於史書對他的戰鬥描寫都特別地簡單。

白起的能力之強無庸置疑，他領軍前期屢次以少擊多，而且殲敵無數還一生不敗，是我心目中最感到畏懼的戰將。但也正是殺人如麻這一點，讓白起的品德評價超低，很難被後世奉為高大上的名將。甚至，還有民間傳說講白起下地獄後每天都要被處死一次的橋段，可見白起有多麼不受後人歡迎。

所以，最後一位戰國四名將就顯得特別難得，他本人不僅能力高強，而且還能在絕對的劣勢下獲得勝利，並且在品格上也沒有令人非議的紀錄。

李牧，我心目中最尊敬的戰國名將，卻是一個令人惋惜的存在。

邊防「最強軍神」

李牧，戰國後期的趙國名將，他最初登場於史冊時，是奉趙王命令駐守於代郡及雁門郡（今日的山西省境內），好防範北方的匈奴。當時李牧享有軍政特權，不只統兵，還可以在駐防城市抽取稅收做為軍費。

李牧的軍費有多少呢？歷史並沒有記錄下詳細的數字，但從李牧下令：「每天宰牛犒賞士兵。」這件事可看出是一筆巨款。

李牧。

在以農業為主的古代社會，牛是耕田用的重要生產力，人們不但不會輕易屠宰，且許多朝代還有規定擅殺牛者要判處死刑的嚴懲。宋代有名的包拯（就是民間傳說的包青天），就曾經主持過一場毀損牛隻的案例而留名史冊，可見牛在民間被重視的程度。就算在現代，一些維持傳統農業的非洲部落，仍以擁有牛隻的多寡判定誰比較有錢，由此可以想像牛在古代的財富意義。而李牧所處的周代則有《禮記》記載：「諸侯無故不殺牛。」連諸侯都只能在有貴客或是祭祀時才能考慮宰牛，李牧每天讓士卒吃牛肉是多麼奢侈的一件事！

但每天吃牛肉的李牧和他手下的邊防軍大兵，在遇到外患匈奴入侵時，表現卻極為退縮，不但每次都只是退入營壘固守，李牧還宣布：「膽敢出戰者一律斬首！」如此的謎之操作維持了好幾年的時間，這讓趙王非常不滿。

「李牧你花了錢倒是拿出點成績呀？結果你老兄每次都在避戰，根本是消極怠工，拿錢不辦事呀！」

非但趙王不滿意李牧的表現，匈奴人認為李牧沒種，邊防軍則認為自己的統帥是小孬孬一枚。這段期間，趙王常斥責李牧避戰的表現，但李牧的反應是：我就當沒聽見，我想幹啥就繼續幹啥。

終於，趙王宣布：「將李牧撤職！」

於是新任將領接替了邊防軍司令的位置，並宣布：「接下來匈奴人再敢侵犯，我們趙人必定還擊，誓要他們付出代價！」熱血敢戰的新統帥上任一段時間後，結果就是：趙軍敗多勝少，損失慘重。

趙王算盤一打，發現：「這還不如李牧避戰的表現呀！」

於是趙王不甘心地請求李牧重新擔任邊防軍司令，而李牧的反應是：「對不起，我病了，沒辦法再工作了。」

趙王多少有點政治經驗：「跟我玩裝病？不行！李將軍你必須接受寡人的命令。」

李牧說：「你真要我官復原職，就要對我絕對地尊重，不得干涉我的策略。」

在趙王的允諾下，李牧重新掌管了邊防軍，並維持先前堅守不戰的策略。幾年下來，匈奴一無所獲，邊境重新回穩，而邊防軍也各個身強馬壯（每天吃牛肉加重量訓練，我想邊防軍每個人應該都是肌肉猛男吧）。最重要的是，邊防軍渾身精力無處發洩，看著城外的匈奴人耀武揚威，邊防軍表示：「林北不領薪水也要殺爆這些渾蛋！」

「是時候了。」

某一天，匈奴人驚喜地發現，竟然有一大群趙國牧民在野外驅趕牲畜放牧，自從李牧那膽小卻又謹慎的俗辣上任後，這種無防備的肥羊基本上就沒見過。

「那還等什麼？搶！」

匈奴人開始劫掠，而趙國軍隊急忙趕來保衛牧民。雙方稍一交手，匈奴人意外地發現：「趙軍根本禁不起打，甚至還不會逃跑，竟然隨便就被我們抓了幾千人，遜斃了！」於是匈奴人決定：「召集所有可戰之兵，直接入侵趙國的防線，此戰我們必勝，然後就是搶錢、搶糧、搶娘們！」

懷著強烈的渴望，匈奴大軍一路殺奔至趙國防線附近，即便看到眼前已經有為數不少的趙國步兵排好方陣，他們心裡也只有一個念頭：「搶錢、搶糧、搶娘們！必勝！」

瞬間，密集如雨的箭矢自三面竄出，匈奴人只覺得眼前黯淡無光，還沒能反應過來，衝在最前面的匈奴騎兵已全數陣亡。

「陷阱！」

領軍的單于一聲慘叫，話音未落，趙國伏兵自兩旁殺出，他們騎術精湛且手上的弓箭致命無比，正是趙國傲視七雄的「胡服騎射」精銳騎兵，更重要的是……他們每個人都仇恨值爆表。

「叫你們囂張！讓你們還敢囂張！」

埋伏的弓兵持續放箭，騎射部隊則倚仗靈活的機動力貼近打擊，就連本來做為防禦的趙國方陣都轉守為攻，步兵與重型馬戰車無情地輾壓來不及撤退的匈奴人。

這次埋伏襲擊，李牧將匈奴主力徹底打殘，在隨後的追擊中，匈奴前後損失十萬多名騎兵，李牧還順道將襜襤、東胡兩個外族部落攻滅，另一個外患林胡則立馬認慫投降。一場戰役後，直至趙國滅亡的近五十年時間，趙國北方再無外患。

趙國守護神

時間來到西元前二百四十三年，趙國發生了一件大事，戰功顯赫的頭牌將領廉頗，落跑了。

這對於國勢日衰的趙國來說，無疑是重大危機，但卻是李牧升職的良機。這一年，李牧擔任國相（也就是丞相），他率軍攻打燕國奪取武遂、方城兩地，成為支撐趙國的頭牌將領。

西元前二百三十四年，秦王嬴政（就是日後的秦始皇）派秦將桓齮攻打趙國。雖然歷史上對於桓齮領軍的紀錄並不多，但本次出擊的戰果卻讓人心驚，因為除了攻克趙國的平陽、武城二地，史書還記錄他「斬首十萬」，可見桓齮用兵之兇猛。

隔年，桓齮再次率軍從上黨郡翻越太行山進攻趙國。面對秦國的強勢進攻，趙幽繆王已無人可用，只能任命李牧為大將軍並率北方的邊防軍迎擊。歷史並沒有詳細記錄李牧是如何用兵，但結果是李牧將十多萬秦軍全數殲滅，重挫秦國的攻勢。

秦國後來在西元前二百三十二年再次進攻趙國，此次秦軍兵分兩路實施鉗形攻勢，結果李牧集中兵力猛攻，將其中一路秦軍盡數殲滅，秦國因損失過大只能認輸撤退。但擊退秦軍的李牧卻也沒太多喜悅的時間，因為接下來韓國跟魏國試圖乘虛而入，所以李牧繼續領軍抵抗入侵，結果是：統、統、打、贏、了。

此時的趙國就像是一棟危樓，屋破、牆裂、漏水、頂缺，但李牧卻是一根不倒的支柱，讓危在旦夕的趙國殘而不倒。可無奈的是，似乎連上天都遺棄了趙國。

絕望的末路

西元前二百三十一年，趙國北方的代郡發生大地震，眾多地區的房屋倒塌了大半。隔年，趙國因天災而陷入饑荒，這對連年征戰、損兵折將的趙國無疑是雪上加霜。這讓先前兩次挫敗的秦國決定：「趁你病要你命！」

西元前二百二十九年，數十萬秦軍兵分三路，一路由王翦統率主攻趙國中部，一路由楊端和統率主攻包含趙國首都邯鄲在內的南部地區，一路由李信統率進攻趙國北部。面對前所未有的強攻，趙幽繆王派李牧為主將、司馬尚為副將，率軍禦敵。

說真的，光看戰場形勢，缺兵少糧又被多路進攻的趙國已經是絕望，可我相信，當時的秦軍肯定是戒慎恐懼，趙軍則是意志頑強，原因無他……李牧，那個在眾多劣勢下、卻從未在戰場上被擊敗的名將代表著無限可能。另外，此次戰役將是李牧與王翦這兩位戰國名將的夢幻對決，究竟兩人誰勝、誰負呢？

答案是：戰爭沒有浪漫，只有勝負。

秦王嬴政對於李牧別有計畫：「既然我在戰場上勝不了你，那就在戰場以外要你完蛋！」

秦王收買了李牧在趙國的政敵，讓他們誣陷李牧企圖背叛趙國。為了讓謊言顯得真實，這次收買了趙國寵臣郭開、寵臣韓倉、趙幽繆王的老母，務求讓趙幽繆王無論在辦公、在民間、在休息，甚至跟家人聊天時都會聽到李牧的別有用心。

「三人成虎」的效果是很顯著地，趙幽繆王派使者追到李牧軍中下令：「免除帶兵職務，交出兵權並聽候發落！」

李牧的反應是：拒、絕、接、受！

以能力而論，李牧是唯一在危局中有機會擊敗秦軍的希望，所以他拒絕接受趙王荒唐到無異於亡國的命令。或許他還想像以前一樣，跟趙王據理力爭，並用專業能力證明趙王判斷錯誤，從而再一次穩固統帥權。

可惜，李牧的上司趙幽繆王，明顯比之前的君主在思維上更低一個檔

李牧：沒有敵人能打敗我，我只能被自己人打敗！

次。當他聽到李牧違抗命令的消息，他下令：「把李牧給我殺了！」

於是，李牧死了。

李牧死後，趙王換趙蔥領軍，但僅過三個月，秦國王牌戰將王翦就率軍掛掉那個不知道算哪根蔥的趙蔥，並攻陷趙國首都邯鄲，趙幽繆王被俘。這之後雖有小部分趙國貴族勉強保留北方一小塊國土苟延殘喘，但趙國實質上已經亡矣。

為何李牧非死不可？

比起前輩廉頗，李牧的結局更加悲劇。一個有能力、有擔當、有節操的超強將領，竟是死於自己人之手？老ㄕ毫不猶豫地對趙幽繆王表示：「自己作死的蠢貨！」而會有這樣極端的表達，是出於我對李牧的不捨。

對於李牧是否能再一次擊敗秦國，這事儘管充滿懸念，但就算把時間拉長來看，秦趙兩國在總體戰力上差距日漸擴大，資源上的短缺也終將使李牧無能為力。比起注定的軍事結果，我更想討論一個充滿可能性的問題：面對趙王的罷免及逼殺，李牧除了自殺還有別的選擇嗎？

答案是……有，那就是逃。

舉戰國時期的一位有名武將為例，那就是燕國的樂毅，此人李牧應該也不陌生。樂毅曾經率軍占領齊國大片土地，但後來繼位的燕王懷疑樂毅的忠誠，樂毅就立刻逃走到趙國，最後仍能安享晚年。

換在今日的職場，此處不留爺自有留爺處，所謂的忠誠或是向心力不是來自於公司強加的道德觀，而是公司是否能滿足員工的需求（像是薪水、待遇、理念的實踐可能性……）；若按戰國時代的情況來說，國君你不能讓我發揮專業或是不給我尊重跟安全感，我幹嘛為你賣命？我大可另謀高就。

依李牧的才華，逃亡國外、投降秦國，都可以獲得相當高的待遇。再不濟的話，隱姓埋名藏於民間也是一個退路。逃，絕對是一個可行的求生之路。

但是李牧沒有逃。他選擇堅持己見，這個看來最笨也是最直接的選項。

話說回來，老ㄕ自己之所以看重李牧，不也是因為他純粹且強大的堅持嗎？若是按我所說的出逃，只怕他也不是那位讓我欽佩不已的李牧了。

李牧身亡的數十年後，改朝換代，進入漢文帝時代。

有一次，漢文帝碰到一個祖先是趙國人的馮唐，文帝說：「我聽說趙國以前有名將軍叫李齊，打仗非常有本事，你聽說過這號人物嗎？」

馮唐說：「李齊是有本事，但廉頗以及李牧的本事比他更大。」

漢文帝感嘆回道：「太可惜了！朕要是有廉頗、李牧為將，就不必為匈奴發愁了。」

馮唐卻說：「陛下雖得廉頗、李牧，你也用不了他們。」

《史記》記錄文帝的反應是「上怒」，畢竟馮唐的回應太打臉了。但文帝的過人之處，就是他並沒有當場發飆，而是先打道回府生悶氣，之後再找馮唐質問：「公奈何當眾辱我？有些話是不會私底下再說嗎？現在朕問你，你為何說我用不了廉頗、李牧？」

馮唐說：「我聽說上古時候的國君派遣大將，會對出征的將帥說：『朝廷內的事，由寡人作主；朝廷外的事由將軍判斷。』臣的祖父曾說，李牧以前為趙國防守邊境時，可以自由地使用邊境地區的錢糧，而且不受中央朝廷的干涉，他才能率領精兵強將大破匈奴。現在，我聽說魏尚擔任雲中守防禦匈奴，也是會運用邊境地區的錢糧，甚至還自己貼錢去犒賞士卒，所以士卒無不拚命作戰，讓匈奴不敢犯境。但前一陣子，魏尚擊敗匈奴的入侵，在上報戰果時，卻因多報了六顆首級就被削職查辦。從這件事來看，陛下雖得廉頗、李牧，也不能重用。」漢文帝聽完馮唐的說辭，反應是：立刻宣布赦免魏尚，並且任命馮唐為車騎都尉。

如果李牧效命的君主是知錯能改的漢文帝，是在軍事改革大破大立的趙武靈王，甚至是任用廉頗、藺相如、趙奢並能讓他們各盡所長的趙惠文王，李牧豈會落得自殺的下場呢？惜哉！李牧，千里馬有之，但伯樂不常有；有能者常見，才德兼備者少有。世事總是不完美，所以讓人忍不住地嘆息……

李牧番外篇

李左車：重演歷史悲劇的後輩

我常聽到老一輩的人會說：「真是一代不如一代。」誠然，現實生活中，不少後輩未能超越或是傳承父輩的榮景，比如長平之戰的趙括，他因老爸戰績耀眼而被提拔，最終卻在錯誤的期待下慘敗，不但導致趙國元氣大傷，自己也被冠上千古罵名。

不過，並非每個後輩都不及先祖，像是協助秦始皇滅趙破楚的名將王翦，他的兒子王賁也同時領軍滅亡齊燕魏三國，在秦國統一戰爭中立下了赫赫戰功。而當初被王翦擊敗而戰死的楚國大將項燕，他的後代項羽在鉅鹿之戰中完勝秦軍主力，最終成功復仇滅秦。由此可見，現實中也不乏「青出於藍更勝於藍」的亮點，也因為優秀的後輩出現，短暫的個人榮耀有機會變成代代相傳的家族傳承。

戰國四名將中，李牧是我最欣賞的一位。做為趙國最後的棟梁，他曾北破匈奴、兩敗秦國，甚至在他的家庭教育應該頗為成功，因為即便篇幅不多，史冊中還是特別記錄下他的後輩的事蹟。

那是楚漢相爭的時代，當時漢王劉邦手下的大將韓信正領軍攻打趙國，而趙國的主帥是陳餘，他底下有一名將軍叫李左車，這位李左車正是李牧的子孫。

這裡要稍微解釋一下，秦國後來滅六國統一天下建立秦朝，但沒多久就被反秦勢力滅亡了。秦朝滅亡後，原有的六國貴族或相關人物紛紛重建勢力，所以趙國也跟著復活。在眾多軍事勢力中，楚國項羽跟漢國劉邦的實力最為強大，因此出現所謂的「楚漢相爭」，而楚漢兩國除了正面互懟，同時會拉攏或消滅其他諸侯國試圖擴大實力，所以才出現漢趙兩國間的對戰。

要說當時韓信部隊處境可以說是兇險到了極點，首先人數大約只有三萬（甚至可能更少），而且大多數還沒受過完整訓練。

陳餘的趙軍可不一樣，當時人數可能有二十萬出頭，並且是在主場占有高地優勢的地方進行防禦，不但占有地利，還擁有充足的糧食補給。

此時李左車對陳餘說：

「韓信此番前來，已經先擊敗魏國，此時他的軍隊士氣正旺，我們不要輕易迎戰。主帥不如讓我率領三萬兵馬，繞到韓信後方斷他糧草，您則率大軍堅守，這樣韓信就會進退不得，並且在喪失補給的狀況下崩潰，我們就可以不戰而屈人之兵了。」

但陳餘一聽這建議，立刻嗤之以鼻地說：

「兵法有言，十則圍之，倍則戰之；我們的兵力是對方的二十倍以上，幹嘛不堂堂正正出擊擊潰對方，而要搞些陰謀詭計呀！」

所以陳餘主動率大軍猛攻漢軍，沒想到韓信使出「背水一戰」的奇謀，最終本為劣勢的漢軍卻大敗趙軍，陳餘以及趙王被殺，李左車戰敗被俘，趙國再一次被滅亡。

而韓信在戰後聽到李左車當初的建議，不由得感慨：「若是陳餘採納李左車的建議，我怎能獲得勝利呀！」於是將李左車奉為上賓並向他討教計策。

寫到這裡，我真的為李牧家族感到悲哀。昔日李牧何等英雄卻屢次不受到上級的信任，他管理邊防軍期間，曾因拒絕輕率出戰而被趙王免職；當他試圖抵禦秦國的總進攻時，趙王卻聽信反間計而下令賜死李牧。李左車同樣洞悉戰爭的奧妙，但最後同樣因上司的無能而飲恨。如此不得其主的悲哀，卻成為了家族傳承，更悲哀的是……這個家族竟要兩次見證祖國的滅亡。

李左車日後與韓信的對話中，留下一句千古名言：「智者千慮，必有一失；愚者千慮，必有一得。」或許在他說出那句話時，心中不免感慨：「就算我是能看透世事的智者，但那有何用？到最後我仍是無法掌握自己的命運……」

尾聲

故事說完，發現自己還想多說些什麼。當初我在網路上發表戰國名將系列，觀察讀者的回應時發現：每個人看法當真不一樣。

比如我對白起毫無敬意，但不少讀者卻非常認同他的作為並給予同情。又比如對於吳起母沒喪不臨的行為，有人斥責，但也有人認為很合理，畢竟他老兄可是身負殺人重罪，回老家就等於自投羅網。歷史就是這麼有趣，因為它沒有標準答案也沒有既定的公式，同一件事卻可以演繹出不同的感觸。

對此我向看完書的各位表達謝意，不只是買書造福了我的荷包，更多的是在討論或思考中，過往被延續，並且展現出它們的價值，讓歷史繼續地被翻新。

國家圖書館出版品預行編目資料

哥，就是個狠角色：細數戰國風雲人物，誰能縱橫天下？/ 金哲毅作. -- 初版. -- 臺北市：平安文化, 2021.05　面；　公分. -- (平安叢書；第681種)(知史；19)
ISBN 978-986-5596-09-5 (平裝)

1.傳記 2.戰國時代

782.118　　110005141

平安叢書第0681種
知史 [19]

哥，就是個狠角色
細數戰國風雲人物，誰能縱橫天下？

作　　者—金哲毅
發 行 人—平雲
出版發行—平安文化有限公司
台北市敦化北路120巷50號
電話◎02-27168888
郵撥帳號◎18420815號
皇冠出版社(香港)有限公司
香港銅鑼灣道180號百樂商業中心
19字樓1903室
電話◎2529-1778　傳真◎2527-0904
總 編 輯—龔橞甄
責任編輯—蔡維鋼
美術設計—江孟達
著作完成日期—2021年1月
初版一刷日期—2021年5月

法律顧問—王惠光律師

如有破損或裝訂錯誤，請寄回本社更換
讀者服務傳真專線◎02-27150507
電腦編號◎551019
ISBN◎978-986-5596-09-5
Printed in Taiwan
本書定價◎新台幣320元/港幣107元

- 皇冠讀樂網：www.crown.com.tw
- 皇冠 Facebook：www.facebook.com/crownbook
- 皇冠 Instagram：www.instagram.com/crownbook1954
- 小王子的編輯夢：crownbook.pixnet.net/blog